KB038940

Dawn of Memories:
The Meaning of Early Recollections in Life

아들러심리학에 기반을 둔

초기 회상의
의미와 해석

사례 및 해석 모델을
중심으로

Arthur J. Clark 저 | 박예진 · 김영진 공역

학지사

나의 아내 Marybeth에게,

비록 나는 어린 시절에서 많은 기억을 불러올 수 없지만
우리가 함께한 지난 40년 동안에서는 당신과 함께한
풍부하고 아름다운 기억을 쉽게 불러올 수 있습니다.

● 역자 서문

심리상담과 심리치료 장면에서 상담자는 내담자를 처음 만나는 순간부터 그들의 세계를 접하고, 내담자의 이야기를 통해 그들이 호소하는 문제를 경청하며, 내담자의 삶의 이야기를 탐색하면서 그들의 생활양식과 행동 패턴 등을 이해하고자 노력한다.

어떻게 보면 우리는 그동안 수많은 내담자와 만나면서 그들의 다양한 인생 이야기를 듣는 행운을 누려 왔다. 내담자의 삶을 공감하려는 기본적인 자세로, 우리는 그들의 이야기를 통해 그들이 겪은 삶의 사건들에서 공통점과 특이점을 찾으려고 노력하며 그들을 이해하고자 한다. 한편으로 그러한 과정에서 내담자가 살아온 이야기 속의 사건들이 어떻게 현재의 호소문제, 생활양식, 삶의 패턴, 삶에 관한 관점과 신념에 영향을 미쳤는지를 체계적이고 실증적으로 제시해 주는 방법에 대한 필요성을 간절히 느끼게 되었다.

초기 회상(early recollections)은 아들러심리학에서 사용하는 용어로, 개인이 초기 어린 시절에 삶에 대해 기본적인 것을 배운 시점을 나타내는 구체적인 특정 사건들이다. 초기 회상은 어린 시절의 보편적 사건에 관한 일반적 기억인 초기 기억과는 달리, 아직도 개인의 뇌리에 생생하게 남아 있는 사건들을 골라, 그때의 인상이 현재의 개인과 어떻게 연계되어 있는가를 통해 그를 이해하고자 하는 투사기법이다. 이러한 초기 회상은 삶에 대한 근본적인 접근방식인 생활양식(lifestyle)을 형성하고, 이후의 모든 유사한 사건들을 판단하는 틀이 된다. 초기 회상 작업은 초기 기억 중에서 작업에 활용되는 시작과 끝이 분명하며, 특정 부분에 집중하여 그때 받은 인상에 관한 작업을 하는 것이다.

'초기 회상의 의미와 해석'은 아들러 상담 및 심리치료의 주요한 영역을 차지한다. 아들러는 우연한 기억(chance memories)은 없다고 하였다. 한 개인은 자신에게 다가오는 셀 수 없이 많은 인상 중에서 그의 상황에 어떤 영향을 미치고 있다고 느끼는 것만은 선택적으로 기억한다. 따라서 그의 기억은 그 자신의 '삶의 이야기'를 재현한다. 이 이야기는 자신에게 경고하기 위하여, 자신을 위로하기 위하여, 자신이 세운 목표에 계속 집중하기 위하여, 혹은 과거의 경험을 통하여 이미 시험해 본 적이 있는 행동 양식으로 미래에 대응하기 위하여, 한 개인이 지속해서 자신에게 반복해 왔던 이야기이다. 초기 회상을 해석함으로써 개인의 현재 태도와 의도를 있는 그대로 반영할 수 있으며, 개인의 잘못된 신념과 사적 관점 논리를 축약해서 보여 줄 수 있기에, 초기 회상의 의미와 이를 해석하는 것은 개인의 잘못된 신념을 재구성할 가능성을 제시하는 훌륭한 평가 도구이다.

그동안 초기 회상의 이론과 배경을 설명하는 책은 있었으나, 초기 회상을 상담 및 심리치료 현장에서 실제로 적용할 수 있는 구체

적인 절차와 방법을 소개하는 책은 없었다. 이 책은 이러한 갈증을
시원하게 해결해 주고 있다. 이 책은 성격 평가 도구이자 투사기법
으로서의 초기 회상을 시행하고 해석하는 구체적인 방법을 소개하
는 데 중점을 두고 있다. 특히 상담자 및 정신건강 분야의 치료자
들에게 가장 도움이 되는 점은 초기 회상을 시행하는 단계별로 심
리학적 함의와 더불어 구체적으로 시행하는 방법을 풍부한 사례와
더불어 체계적으로 설명하고 있다.

　저자는 초기 회상의 해석에서 주요 요인이자 단계인 핵심 주제,
성격 특성, 지각 양상을 전체적으로 통합하여 하나의 초기 회상 해
석 모델인 '기억의 새벽 모델'을 제시하고 있다. 역자들이 다양한
상담 장면에서 이러한 해석 모델을 적용하여 초기 회상을 시행하
고 적용해 본 결과, 내담자를 이해하고 사례개념화를 하는 데 많은
도움이 된다는 점을 깨닫게 되었다. 또한 이 모델은 개인의 잠재적
인 자원을 충분하게 끌어내어, 일상생활에서 스스로 변화를 강화
하는 데 도움을 주는 놀라운 효과가 있다는 점도 알게 되었다.

　이 책을 통해 개인의 초기 회상을 효과적으로 시행하고 그 의미
와 해석을 더욱 정확히 수행함으로써, 심리상담 및 심리치료 분야
의 전문가들과 일반 대중에게 많은 도움이 되기를 바란다.

역자 박예진 · 김영진

● 저자 서문

    심리상담과 심리학 분야의 경력을 시작하면서, 나는 인생의 초기 기억을 해석함으로써 인간의 성격을 통찰할 수 있다는 것을 배웠다. 나는 초기 회상을 평가해 본 경험이 많지 않아서 나의 초보 기술을 시험해 볼 적당한 후보자가 아버지라는 생각이 들었다. 그래서 아버지께 초기 기억 중 하나를 회상해 달라고 부탁했다. 나의 요청에 대한 반응으로, 아버지는 나를 쳐다보며 다소 심각한 어조로 "아버지께서 나에게 토끼를 선물로 주신 것이 기억난다. 나는 토끼를 품에 안았고, 토끼의 눈과 귀를 볼 수 있었다."라고 말했다. 우리가 큰 도시에서 자랐음에도 불구하고, 아버지는 항상 우리 집 옆의 토끼장에서 토끼를 키웠기에 아버지의 이러한 기억은 나에게 놀랍지 않았다. 내가 예상하지 못했던 것은 토끼를 안았을 때의 느낌에 대해 후속 질문을 했을 때 아버지가 보인 반응이었다. 흥분, 기쁨 또는 그 밖에 희망을 주는 감정을 느끼는 대신에 아버지는 "나는 토끼를 돌봐야 한다는 책임감을 느꼈다."라고 말했다. 나는 바로 이 진술이 어떻게 아버지의 삶의 방식과 인생관을 사로잡았는지를 알고 충격을 받았다. 나는 어른이 되어서야 비로소 아내와 6명의 자녀로 구성된 우리 가족을 위해 아버지가 하신 충실하고 애정 어린 헌신에 감사했다. 나는 아버지가 기계 기사로서 하루라도 결근을 했거나, 아버지가 일하는 공장의 열악한 조건에 대해 불평했던 적이 기억나지 않는다. 생계를 유지하기 위해 아버지는 우리 집 뒤쪽에 있는 차고 밖에서 자전거 수리점도 운영했는데, 매일 저녁과 주말에는 자전거를 수리하면서 몇 시간을 보냈다.

아마도 대부분의 사람과 마찬가지로, 초기 회상을 평가하면 개인의 가장 깊은 본성을 엿볼 수 있다는 점을 처음 들었을 때 나는 회의적이었다. 결국, 인생의 초기 기억은 한 사람의 과거에서 온 무작위적인 시각화된 사건들의 집합인 듯이 보이고, 어떠한 일관성 있는 순서나 의미가 결여된 것처럼 보인다. 비록 내가 인간 기억이라는 주제에 관한 방대한 지식과 정보에 친숙했지만, 성격 평가의 도구로 초기 회상에 관해 배우는 것은 나에게 새로운 일이었다. 나는 치료 수련 중에 유명한 잉크 반점 검사인 로르샤흐 검사를 소개받았다. 로르샤흐 검사처럼 초기 회상은 **투사 기법**이다. 이론적으로 투사 기법은 사람들로 하여금 자신의 성격 기능의 측면들을 잉크 반점 이미지 또는 아버지가 초기 기억에 대해 질문을 받았을 때 했던 언어적 응답 같은 모호하고 불확실한 자극에 투사하게 하는 능력이 있다.

아버지께 초기 기억을 회상해 달라고 부탁한 이후 35년 동안, 나는 개인들과 함께 수천 개의 어린 시절의 기억들을 해석해 왔고, 기억의 의미를 인식하는 것이 어떻게 자기 이해를 향상하고 인간 발달과 대인 관계를 촉진하는지를 보아 왔다. 심리상담의 실제에서 나는 다양한 내담자에게 이 투사 기법을 자주 사용해 왔다. 위험에 처한 청소년, 관계에 긴장감이 있는 커플, 물질 남용 문제가 있는 사람, 그리고 그 밖의 다양한 치료 관심사에서 나는 초기 회상이 인간 성격을 통찰하는 데 귀중한 재료라는 것을 깨달았다. 대학교수로서 나의 현재 위치에서 학교 및 정신건강 상담 분야의 대학원생 세대에게 투사 기법을 가르치는 것은 나에게 만족스러운 일이었다. 나는 또한 심리학 문헌에 어린 시절 초기 기억에 대해 폭넓게 글을 써 왔고, 이 주제에 대해 치료자들에게 수없이 많이 발표해 왔다. 전문가의 역할 외에도 나는 종종 친목 모임에서 초기 회상을 소개하고 친구들과 친척들의 기억을 재평가하는 기쁨을 누려 왔다. 언제나 깨달음을 주는 이러한 대화는 초기 기억의 본질과 의미에 관한 활발한 토론으로 이어졌다.

  최근 몇 년간, 나의 목표는 일반 대중을 위해 어린 시절의 초기 기억에 대해 진지하게 생각할 수 있는 책을 쓰는 것이었다. 나의 의도는 치료자가 흥미롭고 깨우침을 주는 기억의 특성을 사용하는 것뿐만 아니라 정서적인 고통을 겪고 있는 내담자와 공유하는 것이었다. 심리상담과 심리치료에 초점을 둔 주제에 관한 책을 이미 썼기 때문에 나는 새로운 책을 쓰면서 초기 회상에 관한 나의 수많은 경험과 학식을 끌어낼 수 있다는 것을 알았다. 동시에 나는 숙련된 치료자들을 위해 글을 쓸 때와 비교하여 일반 대중을 위해 글을 쓸 때는 중요한 차이점이 있다는 것도 알고 있었다. 결과적으로 나는 심리상담과 심리학에 관한 배경이 없는 개인에게 이해하기 쉽고 매력적인 방식이 되기를 희망하면서, 『아들러심리학에 기반을 둔 초기 회상의 의미와 해석 ―사례 및 해석 모델을 중심으로―』를 썼다. 이 책에서 어린 시절의 초기 기억에 관한 흥미로운 역사적 문헌을 논의한 후, 나는 폭넓은 독자층이 분명하게 이해할 수 있는 초기 회상을 해석하기 위한 새로운 모델을 소개한다. 나는 『아들러심리학에 기반을 둔 초기 회상의 의미와 해석 ―사례 및 해석 모델을 중심으로―』를 통해서 여러분이 인생에서 초기 기억의 의미를 탐구하는 매혹적인 세계로 가는 여행을 즐기기를 진심으로 희망한다.

차례

─────── Part **I** ───────

초기 회상의 기원과 연구

— Part **II** —
초기 회상의 해석과 의미

Part I
초기 회상의 기원과 연구

chapter
01

들어가며
초기 회상의 소개

> 우리가 어떻게 기억하고, 우리가 무엇을 기억하고, 우리가 왜 기억하는지가 우리의 개성에 관한 가장 개인적인 지도를 형성한다.
>
> – Christina Baldwin[1]

"오래전 당신이 아주 어렸을 때를 회상해 보십시오. 그리고 당신의 가장 초기의 기억 중 하나, 즉 당신이 기억할 수 있는 최초의 것 중 하나를 떠올려 보십시오."[2] 이러한 요청을 받으면 대부분의 사람은 즉시 약 5~7피트 정도 떨어진 시점(視點)에서 어린아이인 자신이 어떤 사람이나 대상과 상호작용하고 있는 시각적 이미지를 떠올린다. 흥미롭게도, 초기 회상(early recollections)*에 관한 이 표

---

* 초기 회상(early recollections)은 아들러심리학에서 사용하는 용어로 어린 시절의 보편적인 사건에 관한 일반적인 기억인 초기 기억과는 달리, 개인이 삶에 대해 기본적인 것을 배운 구체적인 특정한 사건들을 의미한다(205쪽 참조). 초기 회상 작업은 초기 기억 중에서 아직도 뇌리에 생생한 장면을 도출하여, 그때의 인상이 지금과 어떻게 연계

현들은 대개 그 사람에게 특별히 기억에 남을 만큼 두드러지거나 이목을 끄는 특성이 없다. 오히려 평범하고 일상적인 사건들을 가장 많이 묘사한다. 또한 초기 어린 시절에 소리와 소음에 둘러싸여 있었음에도 불구하고, 개인이 떠올리는 대다수의 초기 기억(first memories)들은 조용히 일어난다는 것도 놀라운 일이다. 시간상 순차적이고 연속적으로 나타나는 인생 후반부의 기억들과는 달리, 초기 기억들은 연대순으로 서로 분리되어 있고 임의의 모음인 것처럼 보인다. 비록 사람들이 여덟 살이 되기 전에 수천 번의 경험을 하지만, 이 발달의 중요한 시기에서 몇 개 이상의 기억을 떠올리는 것은 드문 일이다.[3] 흥미롭게도, 의식으로 떠오르는 초기 어린 시절의 기억들은 한 개인의 일생에 걸쳐 거의 변함없이 같은 기억으로 남는 것 같다.[4] 초기 기억들의 내용이 오히려 평범하고, 거의 항상 소리가 없고, 단절되어 있고, 드문드문 나타나고, 비교적 안정적임을 고려하면, 가장 혼란스러운 생각은 이런 특정한 기억들이 오히려 어쨌든 기억된다는 점이다.

  인생의 초기 기억은 오랫동안 일상적인 추론과 심리학 연구에서 매혹적인 주제였다. 그러나 1900년대 초 알프레드 아들러(Alfred Adler)가 저서에서 다룰 때까지, 초기 회상이 성격 평가를 위해 지니고 있는 심오하고 의미심장한 특성들은 대부분 탐구되지 않았고 알려지지 않았다. 빈(Vienna)의 의사이자 심리치료사인 아들러는 왜 사람들이 초기 어린 시절의 기억들을 떠올리고, 왜 기억들이 특유하고 독특한 방식으로 회상되는지에 관한 혁명적인 이론을 개발

되어 있는가를 해석하는 것이다. 본 역서에서는 early recollection(s)은 초기 회상으로, first memories, early memories, first remembrances 등은 초기 기억으로 번역하였다.

했다. 아들러는 초기 기억이 확실한 기능이나 중요성이 없고, 단지 의식적인 기억들의 무의미한 집합이라는 당시의 견해를 거부했다. 대신에 그는 초기 회상의 의미나 목적은 개인에게 인생이 무엇인지를 깨닫게 하고, 삶의 도전에 대처하기 위한 신뢰할 수 있는 수단을 제공하는 것이라고 주장했다.[5] 아들러는 자신의 전문적이고 인기 있던 저술들에서 초기 기억이 어떻게 개인의 가장 깊은 본성을 통찰할 수 있게 해 주는지에 대해 기록했다.

100년 이상 전 세계에 걸쳐 초기 어린 시절의 기억에 관한 방대한 서면 논의와 연구가 발표되어 왔다.[6] 이 문헌의 한 특색으로, 많은 역사적 인물들이 자신의 삶에 관한 다양한 이야기들 속에서 초기 기억을 밝혀 왔다. 결과적으로, 알버트 아인슈타인, 벤자민 프랭클린, 마틴 루터 킹 그리고 다른 유명한 개인들의 성격을 들여다보기 위해 연구자들은 초기 회상의 해석을 이용했다.[7] 역사적인 인물들에 관한 문헌에 덧붙여, 미국 39대 대통령인 지미 카터는 자서전적 표현으로 자신의 초기 기억 한 개를 이야기하며, 자신의 성격의 주요 측면들과 삶에 관한 지속적인 관점을 밝히고 있다.

"

나는 플레인스에서 태어났고 내 미래의 아내 로즐린이 아기였을 때 실제 옆집에서 살았지만, 내가 분명히 기억하는 최초의 것은 내가 네 살이었고 아버지가 우리를 농장으로 데려가서 우리의 새집을 보여 줄 때였다. 거기에는 나보다 두 살 어린 여동생 글로리아를 포함하여 네 명이 있었다. 우리가 거기에 도착했을 때, 앞문이 잠겨 있었고 아버지는 열쇠를 가져오지 않은 것을 깨달았다. 아버지는 앞 현관에 열려 있는 창문 중 한 개를 열려고 노력했지만, 안쪽에 나무 막대가 있어서 창문을 겨우 약 6인치만 위로 올릴 수 있었다. 그래서 아버지는 틈새로 나를 밀어 넣었고, 나는 안쪽에서 돌아와서 문을 열었다. 아버지가 처음으로 도움이 된 나의 행동을 인정해 준 것이 언제나 가장 생생한 기억이었다.[8]

"

　이 초기 회상의 의미를 해석할 때 공감하는 자세를 취하면, 잠시 동안 지미 카터가 되는 것이 어떤 것인지를 이해하는 데 도움이 된다. 상상력을 통해, 지미와 그의 가족이 신나게 농가에 도착한 후, 새집의 현관문이 잠겨 있어 들어가지 못할 때 감정적으로 실망하는 모습을 마음속으로 그릴 수 있다. 아버지의 도움으로 지미가 열린 창문의 좁은 공간을 통해 기어들어 가는 모습을 우리는 상상할 수 있다. 지미가 집 안을 가로질러 잽싸게 움직일 때, 가족들이 그를 응원한다. 기억에서 가장 생생한 부분으로 우리는 지미가 현관문을 열 때 활짝 웃는 모습을 볼 수 있다. 가족들이 재빨리 집 안으로 들어가며, 지미에게 감사하고 도움을 준 것을 인정한다.

　지미의 초기 회상이 내면적으로 공명(共鳴)하게 하면 기억이 지닌 가능한 의미를 해석하려는 좀 더 분석적이거나 객관적인 자세를 취할 준비가 된다. 주제 관점(thematic perspective)에서 지미는 장애물을 극복하고, 가족들이 집 안에 들어갈 수 있도록 문제를 슬기롭게 해결하며, 낙관주의와 진취성을 보여 준다. 초기 기억의 중심인물로서 지미는 아버지와 다른 가족들의 환호를 받으며 책임감 있게 자신의 목표를 달성한다. 이 기억에서 지각적 세부 사항(perceptual details)을 검토하면, 조지아주 플레인스의 특정한 위치는 특별한 장소로 눈에 띄고, 현관이 있는 농가 주택이 모든 가족 구성원들에게 손짓하고 있다. 기억 속에 있는 주목할 만한 대상들 (objects)은 창문, 나무 막대, 현관 그리고 현관문과 같은 집의 특정한 특징들이다. 감각 관점(sensory perspective)에서 지미의 기억은 뚜렷한 시각적 이미지를 불러일으키고, 아버지가 그를 창문까지 들어 올리고 그가 열심히 미끄러져 들어가려고 할 때 그의 촉각 감각도 두드러진다. 기억에서 추가적인 세부 사항으로는 로즐린, 글로리아와 그녀의 나이, 그리고 열린 창문의 특정한 크기에 관한 언급이 있다.

　카터의 초기 기억이 지닌 의미를 해석하는 마지막 단계는 기억의 핵심 주제 또는 중심 주제와 세부 사항을 그의 성격 및 삶의 경험과 연관 짓는 것이다. 카터의 초기 회상에서 의무에 충실한 행동과 성취감이라는 주제의 초점은 그의 대통령 재임 기간 및 퇴임 후에 분명하게 나타났던 행동 양식을 반영한다. 카터는 미국 대통령으로서의 단임 기간 동안, 장애물을 극복하고 문제를 해결하려고 할 때 지칠 줄 모르고 끈기가 있었다. 핵무기 통제, 인권, 세계 보건, 에너지 보존, 정부의 효율성, 그리고 산업 규제 완화가 카터와 그의 행정부가 다룬 여러 문제 중 일부였다.[9] 하지만 카터의 근면함과 결단력에도 불구하고, 광범위한 세력들과 사건들이 다가오는 도전에 해결책을 찾으려는 그의 신중한 결심을 능가했다. 전국적으로 두 자릿수의 실업률과 급등하는 인플레이션이 고착화되었다. 개인적 대응의 일부로서, 카터는 비용을 절약하기 위해 백악관의 전등과 에어컨을 끄자고 제안한 일과 미시적인 관리 방식으로 세부적인 사항들의 진창에 빠져 있다는 점으로 인해 공개적으로 조롱을 받았다. 비록 초기 기억에서 카터는 단 한 번의 노력으로 성과를 올렸지만, 카터의 독자적이고 세세한 것에 얽매이는 행동은 종종 전 세계적으로 엇갈린 결과를 낳았다. 카터는 외교 정책이 취약하고, 이란에서 미국 대사관이 점령당한 후 미국인 인질을 석방하기 위해 헛된 계획에 사로잡혀 있다는 비난을 받았다. 동시에 1978년 9월 카터가 캠프 데이비드 협정을 거의 일방적으로 성사시켰을 때, 그의 초기 회상에서 나타난 끈질김과 자립심이 동원되었다. 지칠 줄 모르는 직업윤리와 세부 사항에 관한 지식을 활용하여, 카터는 평화 협상 초기 외교적 협상이 결렬될 것으로 보였을 때 이스라엘과 이집트 사이의 협정을 중재하며 열흘을 보냈다.[10]

대통령직을 떠난 후, 카터는 자신이 초기 기억에서 그랬듯이 행동 지향적으로 문제를 해결하고 다른 사람들을 도우려는 노력을 계속해 나갔다. 일에 대한 열망과 유용한 사람이 되고자 하는 욕구로, 카터는 전 세계에 걸쳐 인류의 대의를 향상하는 데 헌신했다. 카터는 아내 로즐린과 함께 가난에 맞서 싸우고, 질병을 통제하고, 개발도상국들의 평화를 증진하기 위해 카터 센터를 설립했다. 해비타트 운동의 저명한 인물로서, 카터는 초기 기억에서 했던 노력과 비슷한 방식으로 손을 사용하여 건설 프로젝트에서 수백 시간 자원봉사를 했다. 이 기간에 카터는 20권 이상의 책을 썼다. 그의 모든 노력은 그가 오슬로에서 노벨 평화상을 받은 2002년 10월에 절정에 이르렀다.[11] 카터는 대통령직을 떠났을 때 조지아주의 플레인스로 귀향했다. 카터의 초기 회상에서 묘사된 바와 같이, 고향은 항상 그가 대지(大地)와 사람들에 대해 깊은 애정을 지녔던 특별한 장소였다. 초기 기억에서처럼 카터는 삼나무 상자, 캐비닛 그리고 오리 미끼를 만들면서 손과 촉각을 계속해서 사용했다.

비록 지미 카터의 초기 회상이 그의 성격 기능과 지각적 세심함의 측면을 말하지만, 그 이야기는 개인이 직접 대면으로 기억을 이야기할 때 일반적으로 공명을 불러일으키는 생생한 특성이 부족하다. 몸짓, 말투, 표정과 같은 언어적·비언어적 의사소통이 사람의 기억을 공감적으로 이해하는 데 도움을 준다. 또한 실제 만나서 서로 대화를 하면, "그 기억에서 당신은 어떤 부분을 가장 잘 기억하십니까?"와 같은 후속 질문을 할 수 있다. 한 개인의 두 개 이상의 기억을 평가하는 것도 바람직하다. 이것이 그 개인을 이해하는 방법의 범위를 넓히기 때문이다. 초기 기억에 관한 방대한 문헌에 익숙해지는 것도 기억 속에 함축된 내용과 의미를 이해하는 또 다른 수단이다.

1800년대 후반에 실시된 초기 어린 시절 기억에 관한 첫 번째 연구 이래로, 이 주제에 관한 연구와 출판물들이 계속해서 쏟아져 나왔다. "기억을 떠올릴 수 있는 가장 어린 나이는 몇 살인가?" "즐거운 초기 기억이 불쾌한 초기 기억보다 더 흔한가?"와 같은 질문들을 검토해 왔다. 초기 회상의 평가를 통해 드러나는 인간 성격 특성에 관한 연구가 또 다른 중요한 연구 초점이었다. 개인의 활동 수준과 진취성, 낙관주의와 비관주의, 성실성과 같은 성격 특성들이 초기 기억의 해석과 삶의 질에 있어 중요한 요소들이다. 초기 회상에서 언급된 다섯 가지의 감각 양상(sense modalities, 感覺 樣相), 색, 위치 또는 장소 그리고 물질적 대상들의 의미를 명확히 하는 것도 한 사람이 세상을 어떻게 지각하고 경험하는지에 관한 통찰력을 제공하는 것으로 밝혀졌다. 또 다른 방향으로, 정서적 또는 심리적 장애가 있는 개인들의 초기 기억에 관한 수많은 연구가 있었고, 이러한 결과들은 치료 실제와 심리상담 및 심리치료의 발전에 적용되어 왔다.

이 책 『아들러심리학에 기반을 둔 초기 회상의 의미와 해석 -사례 및

해석 모델을 중심으로—』에서 나는 초기 어린 시절에 관한 방대한 지식을 함께 모아, 그 연구 결과들을 개인적 능력과 잠재력을 이해하는 길을 제공하는 틀에 통합하려고 한다. 제1부 '초기 회상의 기원과 연구'는 초기 회상에 대한 소개, 역사적 고찰, 그리고 초기 회상과 관련된 알프레드 아들러의 독창적이고 혁신적인 연구에 관한 견해를 포함한다. 제2부 '초기 회상의 해석과 의미'는 벤자민 프랭클린의 초기 기억을 이야기하는 것으로 시작하여, 프랭클린의 삶의 맥락에서 초기 회상의 의미를 이해하기 위해 **기억의 새벽 모델**의 개요를 제공한다. 그 이후의 장들에서는 핵심 주제, 성격 특성, 그리고 지각 양상들이 어떻게 초기 기억과 관련되며, 이 요소들에 관한 인식이 어떻게 개인의 행복과 정신 건강을 증진할 수 있는 잠재력이 있는지를 상세히 설명한다. 제3부 '초기 회상의 전통과 실제'는 유명한 역사적 인물들의 초기 어린 시절의 기억, 심리상담과 치료 맥락에서 초기 기억의 활용, 그리고 자기 이해와 개인 발달을 촉진하기 위한 초기 회상의 활용에 초점을 맞추고 있다.

초기 회상은 마음속 깊이 새겨진 이미지를 통해 한 사람의 과거를 탐구함으로써 그 사람에게 가장 의미 있는 것이 무엇인지를 밝혀 준다. 초기 기억을 얘기하는 것은 어린아이로서의 개인에게 독특한 일련의 상황을 보여 준다. 기억 속에 개인적인 이야기가 내재하여 있고, 이 이야기는 개인의 개성을 정의하는 데 이바지한다. 1세기에 이르는 초기 기억에 관한 오랜 연구를 다루는 다음 장으로 넘어가면서, 오늘날에도 계속되고 있는 '기억의 새벽'이란 매혹적인 영역으로 이어지는 여정이 시작된다.

chapter 02

과거를 회상하며 미래를 바라보기
초기 기억에 관한 역사적 고찰

마치 7일의 처음 몇 순간들을 기억했던 것처럼, 나의 초기 기억들은 파편화되어 있고, 분리되어 있고, 동시에 발생한다. 모든 생각이 순서 없이 감정과 장소와 연결되었기에 시간이 아직 만들어지지 않았던 것 같다.

- William Butler Yeats[1]

　겨울 동안 웰즐리 대학의 심리학 강사인 캐롤라인 마일즈 (Caroline Miles)는 매사추세츠 소재 대학의 임의의 학생들과 교수들에게 "당신이 기억할 수 있다고 확신하는 가장 최초의 것은 무엇입니까?"[2]라고 물었다. 이 질문에 서면으로 반응을 한 대략 100명 중에서 거의 절반 정도가 가족의 출생이나 사망, 두려움을 느꼈거나 다친 일, 또는 아팠던 기억을 떠올렸다. 개인들은 정원에서 놀거나, 개를 분장하거나, 닭을 헤엄치게 하려고 했던 것과 같은 다양한 활동들도 기억했다. 다른 많은 응답은 어떤 특정한 범주에 속하지 않았으며, 말과 마차, 칼, 새끼 고양이와 같은 대상들을 포함했다. 또한 마일즈는 자신의 연구에서 "어렸을 때 좋아했던 게임은 무엇이었습니까?" 그리고 "당신이 좋아하는 색은 무엇입니까?"와 같은 질문을 함으로써 초기 기억을 넘어서 개인의 발달 측면을 평가했다.

마일즈의 연구 이후 발표된 어린 시절의 기억에 초점을 맞춘 수백 건의 연구 중에서, 그녀는 이 주제를 공식적으로 검토한 최초의 사람이었다. 개인들은 초기 기억에서 다양한 주제와 대상을 언급하는 것 외에도 감각적 인상(sensory impressions)을 상기했고, 초기 어린 시절 경험했던 당시의 자기 나이를 추정했다. 시각은 초기 기억에서 가장 빈번하게 확인되는 감각 표현(sense expression)이었다. 대부분 상황에서 일반적으로 개인의 주의(注意) 초점이 눈에 보이는 것에 쏠리기 때문에, 마일즈는 시각이 두드러진 감각 양상(sense modalities, 感覺 樣相)이라고 생각했다. 하지만 다른 감각 표현들도 시각적 이미지와 비교하여 훨씬 적게 나타났지만, 시각 양상과 함께 초기 기억에 떠올랐다. 복수의 감각(multiple senses)이 관련된 삽화에서, 개인은 초기 어린 시절 기억 속에서 아픈 것을 상기한다. 밤에 촛불 하나만 켜 놓은 어두운 방에 아이가 있고, 엄마가 몸을 구부리고 유심히 바라볼 때 아이는 엄마의 얼굴을 본다. 아버지가 약을 가지고 올 때 아버지의 목소리가 들리고, 아픈 아이는 약의 맛을 기억한다.[3]

마일즈는 초기 기억 속에서 감각이 감정에 집중하는 개인의 능력을 감소시키는 것처럼 보일 정도로 지배적이라는 것을 발견했다. 하지만 이 설명에도 불구하고, 그녀는 여전히 사람들이 자신의 기억과 관련된 정서적 반응을 기억하는 데 어려움이 있다는 점을 궁금해했다. 초기 기억에서 감정을 언급했던 소수의 사람 중에, 한 사람은 목걸이를 도난당했을 때 화가 났던 것을 기억했고, 다른 두 명은 선물을 받았을 때 기뻤던 것을 상기했다. 초기 기억에서 나이와 관련하여, 개인들은 "당신은 몇 살이었습니까?"라는 질문을 받았다. 기억 속에서 응답자들의 평균 나이는 3년이 조금 넘는 것으로 밝혀졌다.

1895년에 프랑스의 심리학자 빅터 앙리(Victor Henri)는 두 개의 심리학 잡지의 독자들에게 초기 기억의 주제와 관련된 일련의 11개 질문에 응답해 달라고 요청했다.[4] 앙리는 그의 아내 캐서린(Catherine)과 함께 이 연구 결과를 발표했으며, 이들이 초기 어린 시절의 기억에만 전념한 최초의 연구자들이었다. 원래 정기간행물『랜니 사콜로직(L'Annee Psychologique)』에 실렸던 이 연구는 1898년에『파퓰러 사이언스 먼슬리(Popular Science Monthly)』[5]에 영어로 번역되었다. 앙리 부부는 초기 기억의 명확성, 나이 그리고 중요성과 같은 질문들을 고려했다. 16~65세의 유럽과 미국에서 온 100명 이상의 사람들이 앙리 부부의 질문에 응답했다. 설문조사 질문 중에는 "당신의 어린 시절의 가장 최초 기억은 무엇입니까? 가능한 한 충분히 설명해 주십시오. 얼마나 명확합니까? 그리고 기억된 사건이 발생했던 당시 당신의 나이는 몇 살이었습니까?"[6]라는 질문들이 있었다. 흥미롭게도, 공개된 초기 기억 중에서 대부분 응답자는 단지 순간이나 수 분 동안 지속하는 짧은 시각적 장면들을 상기했다. 더 긴 시간으로 구성된 기억은 드물었고, 연속적인 이야기이기보다는 오히려 기억의 이야기에는 단편화(斷片化)된 시간 간격이 있었다.

앙리 부부가 발견한 또 다른 예상하지 못했던 결과는 개인이 애기한 첫 번째와 두 번째 초기 기억 사이에 존재하는 상당한 시간과 관련이 있었다. 대부분 사람에게 기억들 사이의 시간 간격은 1년 이상인 것으로 밝혀졌고, 어떤 경우에는 5년까지 늘어나기도 했다. 몇몇 경우에 응답자들은 자신의 기억들 사이의 시간 차이를 한 달이나 두 달 정도로 보고했지만, 첫 번째와 두 번째 기억의 순서는 불확실해했다.[7] 따라서 앙리 부부는 초기 어린 시절의 기억들이 연대순으로 흩어져 있는 경향이 있고, 인생 후반의 기억들에 흔히 나타나는 연속적인 또는 순차적인 순서가 부족하다는 점을 발견했다.

마일즈의 조사와 유사한 일련의 조사에 이어, 앙리 부부는 초기 기억에 있는 감각 기능에 특별한 관심을 기울였다. 각 응답자에게 실시했던 앙리 부부의 처음 11개 질문 중에 두 개는 시각적 및 청각적 인상과 관계가 있었다. 신호 또는 상기시켜 주는 자극을 사용하며, 개인들에게 자신의 초기 기억에서 떠올릴 수 있는 특정한 감각 양상에 관해 질문했다.

당신은 일반적으로 사물을 **시각적으로** 잘 표현합니까? 즉, 당신은 사과나 램프 등의 시각적 이미지를 형성할 수 있습니까?

당신은 (소리를) **청각적으로** 잘 표현합니까? 즉, 당신은 친구들의 목소리를 청각적으로 표현할 수 있습니까?[8]

마일즈가 보고한 결과와 유사하게, 앙리 부부는 대부분 응답자가 시각적 기억이 강하고 청각적 기억이 더 약하다는 점을 발견했다. 하지만 이런 유형의 직접적인 질문은 시각적 기억이나 청각적 기억을 구체적으로 끌어냄으로써 감각적 인상을 유발할 수 있다.

이 감각적 인상은 개인에게 신호 또는 상기시켜 주는 자극을 제시하지 않고 자발적으로 초기 기억을 회상하라고 할 때 머리에 떠오를 수도 떠오르지 않을 수도 있다.

시각을 강조한 초기 기억의 예에서, 어떤 사람이 다음의 장면을 묘사했다. "난로에 불이 타고 있는 큰 방, 어둠 속에 있는 천장과 벽, 노부인이 불 앞에 앉아 있고 그녀는 불빛으로 밝게 빛나고 있었습니다. 저는 그녀의 무릎에 앉아 있습니다. 바닥 위에는 금박을 입힌 뿔을 가진 양(¥) 장난감이 있습니다. 저는 빨간 스타킹을 신고 있고, 여자의 코를 잡고 있습니다. 크고 축 늘어진 코입니다. 여자의 얼굴은 주름살이 지고, 머리는 하얗고, 안경을 쓰고 있습니다."[9] 기억 속에 존재하는 색은 시각적인 이미지를 강화하고, 사물들은 시각적으로 뚜렷하다. 또 다른 감각 양상으로서, 개인의 촉각도 기억 속에서 주목할 만하다.

앙리 부부가 응답자들에게 초기 기억 속의 감정을 확인해 달라고 하지는 않았지만, 사람들이 두려움, 공포, 수치심, 기쁨 그리고 호기심 같은 다양한 감정을 기억에서 표현하는 것을 발견했다.[10] 하지만 일부 개인들은 자신이 특정한 감정이 있었다는 것을 알고 있었을지도 모르지만, 그들은 그 느낌을 경험하지 않았고 단지 일반적인 용어로만 묘사할 수 있었다. 다른 예에서, 사람들은 초기 기억 속의 어린아이로서 가졌던 것과 같은 감정을 활발하게 느꼈다. 예를 들어, 한 응답자는 "저의 초기 기억은 어느 날 아침 눈으로 덮이지 않은 지붕을 보고 깜짝 놀란 것이었습니다. 저는 지붕이 일 년 내내 하얘야만 한다고 생각했습니다. 그리고 그렇지 않다는 것을 알았을 때 제가 놀랐던 것을 이제 분명하게 이해합니다. 그 당시 저는 세 살 또는 네 살이었습니다."[11]라고 썼다.

1800년대 후반 초기 어린 시절의 기억에 관한 토대를 구축한 후에, 많은 연구자는 마일즈와 앙리 부부가 기억에 관한 초기 탐구에서 소개한 주제에 초점을 맞추었다. 특히 초기 기억에서의 나이, 정서적 반응, 감각적 인상은 20세기와 21세기에 걸쳐 광범위한 출판물에서 연구의 대상이 되었다. 초기 연구들에서 직접적인 초점은 아니었지만, 초기 기억에서의 즐거움 또는 불쾌함, 그리고 다양한 다른 주제들이 후속 연구자들 사이에서 중요한 관심 분야였다.

나이와 초기 기억

개인이 나이와 시간상 얼마나 오래전까지 기억하는 것이 가능할까? 어린 시절의 초기 기억을 떠올리려고 하는 것은 많은 사람이 인생의 어느 시점에선가 즐겨 왔던 일이다. 이 질문에 대한 답은 1세기 이상 초기 기억에 관한 문헌에서도 지속적인 연구 대상이었다.[12] 초기 기억의 시간이나 날짜를 확인하는 것은 어려운 일일 수 있다. 왜냐하면 어떤 사건에 대한 기억이 개인의 삶에서 달력 연도와 연결된 경우가 드물기 때문이다. 연구자들이 기억 속에서 개인의 나이를 밝히려고 할 때, 기억 속의 특정 상황에 주목하는 것이 아마도 나이를 드러낼 수 있을 것이다. 예를 들어, 새집으로의 이사, 어린 동생의 출산, 가족 구성원의 죽음이 초기 기억의 날짜를 나타낼 수 있다. 또 다른 검증 방법은 부모나 다른 성인들이 구두로 개인의 초기 기억의 발생 연대순을 확인해 주는 것이다. 대안적 결정 방법은 단순히 누군가에게 초기 기억 속의 나이를 추정해 달라고 요청하는 것이다.

많은 연구자는 대부분 사람이 3세에서 4세 사이의 가장 오래된 기억을 떠올린다는 데 동의한다.[13] 동시에 최초 기억의 연령 범위는 넓으며, 7세까지 확장된다. 다양한 조사에 따르면, 약 1%의 개인이 3번째 생일 이전의 기억을 떠올릴 수 있다. 또 다른 일관된 결과는 가장 최초의 기억을 알아보는 평균 연령이 남성보다 여성에게서 약간 더 낮게 나타난다는 점이다.[14] 1940년대 초에 시행된 대표적인 연구에 따르면, 최초 회상의 평균 연령은 3~4세였다.[15]

감정과 초기 기억

초기 어린 시절 기억에 관한 대부분의 표현에는 감정 표현이 수반된다. 이는 놀라운 일이 아니다. 왜냐하면 기억의 보존과 회상은 흔히 어떤 시점에서 개인에게 미치는 기억의 정서적 영향과 관련이 있기 때문이다. 달리 말하면, 사람은 즉각적인 상황에서 정서적 반응을 불러일으키는 경험이나 인상을 기억 속에 간직할 가능성이 더 크다. 감정은 또한 일생에 걸쳐 인간의 행동을 자극하고 동기를 부여하는 주요한 기능을 한다. 결과적으로 초기 기억 속의 감정 반응은 개인으로 하여금 기억에서 다양한 행동을 추구하거나 회피하게 할 수 있다. 또한 개인은 다양한 정서적 반응과 다양한 감정 강도로 어린 시절 기억 속의 사건에 반응한다. 동시에 어떤 감정은 초기 기억에서 상대적인 빈도로 나타난다.[16] 두려움, 기쁨 그리고 분노는 기억에서 두드러지며, 경이로움과 호기심, 슬픔과 실망, 수치심과 죄책감 등 다른 감정적 반응들도 그러하다. 개인의 초기 회상의 독특한 특성에 따라 달라지는 수십 가지의 다른 정서적 상태들이 이 모음에 추가될 수 있다.

　두려움의 감정은 초기 기억에서 주목할 만하며, 불안과 걱정의 변형을 포함한다. 처벌을 받거나 고립되거나 버려진 느낌을 받는 것과 같은 수많은 경험이 기억 속에서 이러한 반응을 끌어낼 수 있다. 두려움의 예로, 어떤 사람이 "저는 아버지와 함께 낡은 검은색 차의 앞 좌석에 앉아 있던 것이 기억납니다. 아버지는 계속 차열쇠를 돌렸지만 차는 움직이지 않았습니다. 그러자 아버지는 주먹으로 운전대를 치며 소리를 지르기 시작했습니다. 너무 무서웠습니다."라고 회상한다. 대조적으로, 초기 기억에서 즐거움이란 두드러진 감정의 표현은 기쁨과 의기양양함의 변형을 포함한다. 선물을 받거나 관심을 받는 것과 같은 사건들은 즐거운 영향을 준다. 행복감을 주는 삽화로, 어떤 사람이 "저는 침실에 있었고, 해가 막 떠오르고 있었습니다. 밖에는 눈이 내렸지만, 제 침대 안은 편안하고 따뜻했습니다. 저는 아래층에서 나는 부모님의 소리를 들었고, 엄마가 아침으로 준비하는 팬케이크 냄새를 맡을 수 있었습니다."라고 회상한다. 초기 기억 속에서 분노의 표현은 또 다른 눈에 띄는 감정이며, 증오와 억울함의 변형을 포함한다. 개인이 얘기하는 분노는 대개 좌절, 손상, 강요를 당하는 것과 결부된 실재하는 대상이나 다른 사람들과 상호작용의 결과이다. 한 예로, 어떤 사람이 "눈이 오고 있었고, 오빠는 코트를 입고 외출하려고 했는데 엄마는 제가 오빠와 같이 가지 못하게 했습니다. 저는 엄마한테 정말 화가 많이 나긴 했지만, 엄마는 마음을 바꾸지 않았습니다."라고 얘기한다.

즐거운 초기 기억과 불쾌한 초기 기억

초기 기억을 회상할 때, 사람들은 기분 좋은 기억을 더 많이 기억하는가? 또는 불쾌한 기억을 더 많이 기억하는가? 지그문트 프로이트(Sigmund Freud)는 사람들이 불쾌한 기억을 억압하는 경향이 있다고 생각했고, 이 견해는 논리적이고 직관적인 느낌을 준다.[17] 사람들이 긍정적인 기억을 더 많이 떠올리는 것은 타당한 것 같다. 왜냐하면 일반적으로 긍정적인 기억들은 상승 효과가 있는 즐거운 기분을 불러일으키기 때문이다. 또한 인간이 삶의 도전과 역경에 대처하려고 희망과 낙관을 전달하는 기억을 떠올릴 때 지속하는 적응 기능도 있다. 19세기 말에 클라크 대학교의 선임 연구원인 콜레그로브(F. W. Colegrove)는 "당신은 즐거운 경험 혹은 불쾌한 경험 중 어느 것을 더 잘 기억합니까?"[18]라는 설문 조사를 통해 초기 기억의 질적 특성을 조사한 최초의 연구자였다. 클레그로브는 개인은 즐거운 초기 기억을 더 자주 떠올리는 경향이 있다는 점을 발견했다.

하지만 이와는 대조적으로, 일부 연구자들은 초기 기억에서 즐거운 기억이 불쾌한 기억보다 더 흔하다는 것에 동의하지 않았다. 1928년에 로스앤젤레스 캘리포니아 대학교의 심리학 교수인 케이트 고든(Kate Gorden)은 자신의 포괄적인 연구에서 불쾌한 초기 기억이 우세하다고 보고했다.[19] 고든은 또한 "일반 이론의 관점에서 볼 때, 만약 인간이 즐거움을 추구한다면, 무엇을 추구하는지를 기억하는 것만큼 무엇을 회피하는지를 기억하는 것이 중요한 것 같다."[20]라고 주장했다. 이런 점에서 불쾌한 기억은 잠재적으로 위협적이거나 해로울 수 있는 것에 관해 개인에게 경고 조치를 제공한다. 이것은 개인을 위해 궁극적으로 적응적일 수 있다. 예를 들어, 초기 어린 시절 기억에서 한 중년 남자가 동물에 너무 가까이 가지 말라고 부모로부터 경고를 받은 후 다람쥐에게 먹이를 주다 손을 물린 것을 회상한다. 그의 기억은 신뢰할 수 있는 권위 있는 인물들의 말을 중시하고 실수로부터 배우는 주제에 초점을 두고 있다.

　초기 기억에서 즐거운 또는 불쾌한 기억에 관한 논쟁의 또 다른 측면은 초기 어린 시절 경험한 환경 특성과 관련이 있다. 개인의 생애에서 처음 몇 년 동안 겪은 가혹하거나 억압적인 환경은 일반적으로 유쾌하지 않은 초기 기억에 이바지할 것 같다. 이런 점에서 사회적·문화적 영향을 고려할 때, 몇몇 연구자들은 개인이 가난, 폭력, 방치와 연관된 가정 및 지역 사회 환경에서 자랐을 때 불쾌한 초기 기억들을 훨씬 더 많이 지니고 있다는 점을 발견했다.[21] 우울증 치료를 받는 한 젊은 성인 내담자의 다음의 초기 기억이 그의 인생관에 미칠 수 있는 영향을 생각해 보자. "저는 유아용 침대에 누워 있었고, 더럽고 젖은 채로 있었습니다. 어머니는 방으로 들어와서 저에게 소리치기 시작했습니다." 초기 기억 속의 감정 톤은 즐거운 경험과 불쾌한 경험 사이의 중립적인 범주에 속할 수도 있다. 예를 들어, 어떤 사람이 "저는 침실 창밖으로 나무를 내다보고 있었습니다. 별일이 없었습니다."라고 회상한다. 개인이 기억하는 초기 회상의 정서적인 특성을 고려할 때, 1948년에 발표된 포괄적 조사에서 나타난 50%는 즐거운, 30%는 불쾌한 그리고 20%는 중립적이라는 대략의 숫자가 이를 대표하는 것 같다.[22]

감각 양상과 초기 기억

초기 기억을 회상할 때, 사람은 거의 변함없이 어떤 종류의 활동에 참여하고 있는 어린아이인 자신의 시각적 이미지를 형성한다. 비록 초기 어린 시절의 경험이 수십 년 더 먼저 일어났지만, 사건을 시각화하고 설명하는 것은 대개 개인의 현재 나이의 관점에서 일어난다. 초기 기억을 이야기한 후에, 시각적인 장면은 의식에서 사라지고, 인생의 처음 몇 년 동안에 일어났던 상황을 다시 방문한 순간이 끝난다. 초기 기억에서 다른 감각들은 훨씬 낮은 빈도로 나타나기 때문에 시각 채널이 지배적이다. 이런 점에서 놀라운 것은 인생의 초기 몇 년의 기억은 거의 침묵 속에서 일어난다는 점이다.[23] 보통 초기 몇 년 동안 아이들이 잠들기 전에 듣는 수많은 이야기, 자장가 그리고 그 밖의 청각적 의사소통에도 불구하고, 소리는 초기 기억에서 비교적 드물다. 이런 점에서 대부분 사람에게 초기 기억을 떠올리는 것은 무성 영화의 짧은 에피소드를 보는 것과 유사하다.

청각 양상뿐만이 아니라, 다른 감각적 인상들도 초기 기억에서 훨씬 덜 흔하다. 발생 빈도의 내림차순으로, 촉각, 후각 그리고 미각에 관한 언급은 양상마다 100개의 초기 기억 중에서 한 자릿수로 나타난다.[24] 왜 초기 기억에서 일반적으로 시각을 제외한 다양한 감각의 표현이 부족한지 추측하는 것은 흥미롭다. 확실히 아이들은 보통 발달상 자신의 어린 시절에 무수한 감각적 경험에 노출된다. 예를 들어, 접촉하고 접촉을 받는 상호작용, 그리고 음식을 먹고 먹여 주는 예는 사실상 모든 어린아이에게 수천 번 일어난다.

시각 이외의 감각적 인상이 부족한 점에 관한 그럴듯한 하나의 추론은 개인은 필수적이거나 심지어 중대하다고 여겨지는 어린 시절의 기억을 간직한다는 점이다. 따라서 시각과 비교하여 다른 감각들은 인생을 항해하거나 삶과 조화를 이루는 데 덜 중요할 수 있다.

동시에 초기 기억은 확실히 시각 이외의 감각들을 포함하며, 이들 감각에 어떤 무게를 줘야 하는지에 관한 질문을 제기한다. 한 가지 가능한 설명은 특정한 감각들이 개인의 기능이나 삶에 관한 독특한 관점에 내재하여 있다는 점이다. 한 예로, 정신 건강 상담사인 카일 위버(Kyle Weaver)는 두드러지게 청각에 초점을 둔 초기 기억을 상기한다. "저는 아버지와 아이스 링크에 있었습니다. 아마도 저는 서너 살이었을 것입니다. 저는 막 스케이트를 배우고 있었는데 넘어졌습니다. 기억 속에 있는 또 다른 남자가 자기 스케이트로 수상 스키를 타는 척하면서 저를 격려하려고 했습니다. 그가 저에게 그가 수상 스키를 타는 것을 보고 싶은지 물었던 것을 분명히 기억합니다. 저는 그의 아이스 스케이트가 얼음 위에 깊은 홈을 파는 소리를 기억합니다. 오도독오도독 하는 소리가 저에게 경외감을 불러일으켰습니다. 그 소리는 즉각적으로 강박관념을 낳았고, 그때부터 심지어 오늘날까지도 제가 얼음 위에서 스케이트를 탈 기회가 있을 때면, 저는 스케이트 날 밑에서 나는 오도독오도독 소리를 듣고 느끼려고 일부러 힘껏 큰 발걸음으로 걷습니다."

그의 초기 회상 속에 있는 소리의 의미에 대해 카일은 "저를 만난 직후에 많은 사람이 알게 되듯이, 저는 매우 청각적입니다. 저는 읽기보다는 듣기를 통해 가장 잘 배웁니다. 저는 끊임없이 이야기하는 것을 즐깁니다. 절친한 친구들 모임에서, 저는 말하는 것을 멈추지 않는 가장 확실한 농담꾼입니다. 저는 기분이 어떻든지 간에 음악을 듣습니다. 저는 음악에 대한 갈망이 있습니다. 저는 또한 저 자신과 대화를 한다는 의미에서 제 머릿속에서 혼잣말하기도 합니다."라고 말한다. 카일과 초기 기억 속에 두드러진 감각적 인상을 지닌 사람들에게, 특정한 양상이 삶에서 독특한 가치와 지향하는 초점으로서 영향을 미칠 수 있다는 것은 명백하다.

chapter
03

초기 회상, 나의 인생 이야기
성격 역동, 초기 회상 그리고 알프레드 아들러

거의 아무도 초기 기억을 이해하지 못한다. 따라서 대부분 사람은 자신의 초기 기억들을 통해 완전히 중립적이고 방해받지 않고, 자기 삶의 목적, 다른 사람들과의 관계 그리고 환경에 관한 견해를 고백할 수 있다.

– Alfred Adler[1]

1911년 겨울 오스트리아에서 알프레드 아들러는 전문가 그룹 회원들 사이에서 논란이 되어 왔던 그의 혁신적인 이론적 입장에 관해 빈 정신분석학회(Vienna Psychoanalytic Society) 모임에서 연설을 했다. 아들러는 그의 강의 발표에서 성격 기능 및 인간 발달과 초기 기억과의 관계에 관한 자신의 초기 의견을 제시했다. 학회장으로서 아들러는 "인생에 대한 개인의 진정한 태도는 그의 가장 초기의 꿈과 회상된 경험에서 알아볼 수 있고, 그러한 기억들은 또한 계획적인 절차에 따라 구성된다는 것을 증명한다."[2]라고 말했다.

그 당시에 아들러는 환자의 삶의 방식을 통찰하기 위해 치료 접근법에서 일반적으로 초기 회상과 함께 꿈을 사용했다. 또한 빈 협회의 겨울 모임은 이론적인 견해와 치료 접근 방법에 있어 중요한 차이로 인해 아들러와 지그문트 프로이트가 험악한 결별을 할 전조였기에 시선을 끌었다. 프로이트의 공식에서 유아의 성(sexuality)은 정상적 및 병리학적 입장에서 인간의 행동을 이해하는 데 있어 탁월했던 반면, 아들러는 발달의 영향 측면에서 성이 덜 중요하다고 느꼈다.

프로이트는 초기 어린 시절의 기억이 골치 아프고 성적으로 충만한 갈등과 흔히 관련이 있고, 이를 감추고 있다고 생각했다. 프로이트에 따르면, 표면 기억 또는 의식에 나타난 기억은 종종 잠재적 수준이나 보다 깊은 수준에서 더 불안감을 주거나 트라우마적인 경험을 위한 무의식적 장막의 역할을 한다. 이런 점에서 프로이트는 "어린 시절의 중요하지 않은 기억들은 그 존재가 전치(displacement) 과정의 덕분이다. 그것들은 생물학적 기억 흔적의 재생에서 정말 중요한 다른 인상들(impressions)을 위한 대체물이다."[3]라고 말했다. 개인의 의식 속으로 쉽게 떠오르는 기억의 중요성을 과소평가한 프로이트의 입장과는 대조적으로, 아들러는 "중요하지 않거나 무의미한 기억은 없다."[4]라고 주장한다. 이러한 관점에서 개인이 즉시 밝히는 기억은 공감적 이해와 치료적 함의의 측면에서 치료적 가치가 있다. 초기 기억은 그 사람의 성격과 삶의 패턴에 대한 단서나 힌트를 보여 준다. 아들러는 사람들이 초기 회상에 관한 질문을 받으면 대체로 수용적이고 기꺼이 그것을 공개적으로 논의할 용의가 있다는 점을 발견했다. 개인은 자신의 기억 속에 숨어 있는 심리적 의미를 거의 항상 인식하지 못하고 단지 그 기억을 사실적인 정보로 인정한다.

1911년 여름까지 아들러와 프로이트 사이의 양립할 수 없는 견
해는 결국 큰 불화로 귀결되었고, 아들러는 빈 정신분석학회에서
사임하게 되었다.[5] 몇 주 안에, 아들러와 그와 함께 사임한 소수
의 추종자들은 자유정신분석학협회(Society for Free Psychoanalytic
Study)라는 이름의 별도 단체를 조직하기 시작했다. 1912년에 '개
인심리학(Individual Psychology)'이라는 새로운 명칭을 채택하면서,
아들러는 1936년 사망할 때까지 유럽과 미국에서 자신의 이론적
입장과 치료 접근법을 계속해서 확장하고 상세히 설명해 나갔다.
오늘날 개인심리학은 전 세계에 걸쳐 학회 회원들과 지지자들을
보유한 인간 서비스 분야에서 두드러진 전통이다.[6]

1894년에 처음 연구를 시작한 이래로 초기 기억은 집중적인 연
구 주제가 되어 왔지만, 아들러는 한 개인의 근본적인 성격을 이해
하고 인생관에 대한 통찰력을 얻는 데 있어 초기 회상의 중요한 가
치를 인식한 최초의 이론가였다. 그는 초기 기억은 개인마다 고유
하며, 미래로 항해하기 위해 알려지고 검증된 패턴을 제공한다고
생각했다. 아들러는 "'우연한 기억'은 없다. 한 개인이 만나는 헤아
릴 수 없이 많은 인상 중에서, 아무리 암울하더라도 자신의 상황과
관련이 있다고 느끼는 것들만을 기억하기로 선택한다. 그래서 개
인의 기억은 그 자신의 '나의 인생 이야기'(Story of My Life)에 해당
한다. 즉, 자신에게 경고하거나 자신을 안심시키려고, 자신의 목표
에 집중하게 하려고, 과거의 경험으로 이미 검증된 행동 양식으로
미래를 맞이할 준비를 하기 위해 자신에게 반복하는 이야기이다."[7]
라고 썼다. 또한 아들러의 관점은 사람의 독특한 경험과 동기에 따
라 초기 기억의 다양한 목적을 시사한다.

더 넓은 맥락에서, 초기 기억은 인간 행동과 관련된 아들러의 이론적인 방향에 있는 다른 주요 개념들과 연관이 있다. 이런 점에서 개인심리학의 여러 원리는 다양한 사람들 사이에서 더욱 넓은 관점으로 초기 회상의 개념적 범위와 적용을 이해하는 데 이바지한다. 생활양식, 활동 정도 그리고 전체론(全體論, holism)과 같은 개념들은 치료 맥락 및 삶에서 초기 기억의 의미를 밝히기 위한 틀을 제공한다. 비록 아들러의 개념 중 일부는 많은 사람에게 친숙하지 않을 수도 있지만, 아들러는 사람들이 일상생활에서 이해할 수 있는 용어들로 그 개념을 설명하려고 노력했다.

초기 회상의 합목적성

아들러가 중요하지 않거나 무의미한 초기 기억은 없다고 주장했을 때, 그는 개인의 기억에 **합목적성**(purposefulness)이 있다는 가정을 중시했다. 이는 삶의 방식에서 지향하는 바를 반영한다.[8] 아들러에 따르면, 초기 기억을 이해하는 것은 개인의 기억에 내재한 목표를 명확하게 하는 것을 수반한다. 이런 점에서 초기 어린 시절로부터 상기할 수 있는 비교적 소수의 기억은 개인에게 현재와 미래의 행동에 관한 지침이나 방향을 제공한다. 기억이 세상에 대해 잘 알려진 것과 그것이 어떻게 작용하는 것 같은지에 대한 감각을 전달하기 때문에 초기 기억에는 개인을 정서적으로 안정시킬 수 있는 유용한 면이 있다. 초기 기억에서 비롯된 잊을 수 없는 인상을 통해, 개인은 삶이 어떤 것인지 또는 무엇인지에 관한 모델이나 원형을 개발하는 것처럼 보인다. 이러한 장기적 신념에 따라 행동하며, 개인이 추구하는 타당한 방향은 인식한 존재의 조건과 양립할 수 있는 목표들이다. 동시에, 초기 기억이 지닌 의미의 중요성이 대부분 사람에게 익숙하지 않은 것처럼, 기억의 목표 지향적인 특성 또한 대부분 알려지지 않았다.

개인의 목표 지향성은 그가 세상을 어떻게 해석하고 이해하는가와 관련이 있으며, 이 목적의식이 있는 과정에는 수많은 이형(異形)이 있다. 예를 들어, 어떤 사람은 삶을 긍정적이고 희망적인 방식으로 보지만, 다른 사람은 존재를 다소 부담스럽고 음울하게 여긴다. 중요한 방식으로, 개인의 삶에 대한 관점은 독특하며 자신의 뿌리 깊은 관점의 질적인 특성을 반영한다. 초기 회상의 기능적인 특성과 관련하여, 아들러는 "초기 회상은 우연한 현상이 아니라, 격려(encouragement)나 경고의 표현을 분명하게 말한다."[9]라고 쓰고 있다. 이 점에서, 예를 들어 특정한 개인의 초기 기억에서 격려의 특성을 생각해 보자. "저는 자전거 타는 법을 배우고 있었고, 어머니는 제가 자전거를 타려고 하는 동안 뒤에서 의자를 잡고 있었습니다. 제가 잘 타고 있는 것 같으면 어머니는 놓아 주었고, 저는 혼자 1분 정도 탔습니다. 그것은 재미있었고, 저는 저 자신이 자랑스러웠습니다.' 이 기억 속에 있는 격려의 말은 '당신은 능력이 있고 지지를 받고 있다.'라고 개인에게 전한다. 이와는 대조적인 예로, 또 다른 사람은 경고와 관련된 초기 회상을 말한다. "저는 자전거를 타려고 했는데 균형을 잡는 데 애를 먹고 있었습니다. 저는 자전거에서 떨어져서 무릎을 다쳤습니다. 아버지는 나와서 저에게 소리를 지르기 시작했고, 저는 일어나 헛간 뒤로 도망쳤습니다." 이 기억에서 좌절(discouragement)의 말은 '당신은 능력이 없으므로 혼자서 무슨 일을 시도하지 말라.'는 것이다.

생활양식과 초기 회상

현대에서 사용할 때, **생활양식**(lifestyle)이라는 용어는 개인이 눈에 보이는 지속적인 행동 패턴을 통해 어떻게 행동하는지 또는 삶을 경험하는지에 관한 의미를 함축하고 있다. 개인은 '부유한' '건강한' '파괴적인' 또는 다른 행동 명칭의 생활양식을 보여 준다. 언론에서 다양한 광고들은 신나는 생활양식을 새로운 멋진 자동차를 구매하거나 이국적인 보트 크루즈를 타는 것과 연결한다. 하지만 1920년대에 아들러가 삶의 방식(style of life) 또는 생활양식(life style)이라는 용어를 만들었을 때, 그는 현재의 일상적인 대화에서 사용하는 것에 비해 더 광범위하고 심오한 개념을 염두에 두었다.[10]

아들러의 관점에서 개인은 초기 어린 시절의 처음 4~5년 동안에 확고해지는 삶에 관한 기본적인 가정을 얻는다. 이러한 생활양식의 형성은 자기 자신, 다른 사람 그리고 삶의 사건에 대해 개인이 갖는 핵심적인 신념을 독특하게 형성해 가는 것을 포함한다. 결국, 생활양식은 개인의 행동을 표현할 때 통일되고 목표 지향적인 안내자 역할을 한다. 생활양식은 친숙하고 검증된 방법을 통해 개인이 경험의 본질을 이해하고 예측할 수 있게 해 준다. 개인은 생활양식이라는 '렌즈'를 통해 세상이나 경험의 본질을 보거나 인지한다. 예를 들어, 30세의 교사인 엘리스는 생활양식 삼단논법 (lifestyle syllogism)을 형성할 수 있는 핵심적인 신념을 지니고 있다. '나는 유능하다.' '다른 사람들은 격려하고 있다.' '사건들은 활기를 준다.' 따라서 '인생은 성취감을 준다.' 엘리스는 다양한 상황에 직면하게 될 때, 일반적으로 일을 성공적으로 처리할 수 있다고 느끼고, 다른 사람이 아마도 도와줄 것이라고 예상한다. 결과적으로 사건이나 경험은 대개 엘리스에게 흥미롭고 즐겁다. 아들러의 관점에서, 초기 어린 시절에 설정된 존재에 대한 뿌리 깊은 신념은 평생 대체로 안정적이다. 부적절하거나 자기패배적인 생활양식에서 변화하는 것이 가능하지만, 처음에는 그 목적과 기능에 관한 통찰력 및 더욱 적응적인 관점을 확립하려는 이어지는 결심이 필요하다.

아들러는 치료 실제에서 일상적으로 내담자들에게 초기 어린 시절의 기억을 자세히 말해달라고 요청하곤 했고, 그는 이 평가 과정이 중요한 치료적 가치가 있음을 인식한 최초의 이론가였다. 아들러는 개인의 생활양식을 이해하기 위해 초기 회상을 해석하는 것이 가장 효과적인 평가 수단을 제공한다는 점을 발견했다. 이러한 점에서 아들러는 "초기 회상은 특별한 의미가 있다, 우선 초기 회상은 생활양식의 근원을 보여 주고, 생활양식을 가장 단순한 표현으로 보여 준다."[11]라고 말한다. 아들러는 치료 맥락에서 초기 회상을 강조했지만, 그는 생활양식이나 내담자의 인생관을 포괄적으로 조명하기 위해 다른 다양한 평가 방법들도 사용했다. 도움이 되는 삽화로, 아들러는 개인을 이해하는 데 있어 초기 기억의 사용과 초기 기억의 중심적인 역할에 관한 자신의 저술에서 수많은 사례를 제공했다.[12]

한 상담 예에서, 아들러는 사회 적응 문제와 친구의 부재로 인해 자신에게 의뢰된 젊은 성인 남성의 사례를 논의했다. 내담자의 초기 회상은 "아기 침대에 누워서 벽지와 커튼을 둘러보았다."[13]이다. 아들러는 이 짧은 기억이 남자의 사회적 고립과 시각 활동에 관한 그의 관심이 대인관계 경험을 배제할 가능성을 반영한다고 생각했다. 초기 기억의 의미를 반영하는 그의 행동 패턴으로, 내담자는 사람들로부터 철수했고 혼자 하는 형태의 시각적 활동에서 어느 정도 만족감을 느꼈다. 비록 아들러가 생활양식 삼단논법을 제시하지는 않았지만, 내담자에게 이를 제시하는 것은 가능하다. '나는 혼자 있는 편이 더 낫다.' '다른 사람들은 지장을 주고 괴로움을 준다.' '사건들은 수동적이고 시각적인 방식으로 만족감을 준다.' 그러므로 '내가 혼자서 사물을 볼 수 있을 때, 인생은 견딜만하다.' 하지만 시간이 지나면서 내담자가 더욱더 철수되고 불만스러워함에 따라, 그러한 삶에 대한 신념들은 지나치게 편협하고 성취감을 주지 못하는 것으로 드러났다. 치료에서 아들러는 내담자의 부적응적 신념을 보다 목적의식이 있고 건설적 관점으로 바꾸려고 시도했다.

우월성의 추구와 초기 회상

아들러의 관점에서 보면, 각 개인의 내에는 그가 **우월성의 추구**(striving for superiority)라고 언급한, 성장과 발달을 향한 타고난 경향이 있다. 발달상 열등 지위에서 우월 지위에 이르기까지, 사람은 근본적인 동기 부여 과정을 통해 자신을 성취하려고 노력한다.[14] 자아실현을 위한 이러한 탐구는 개인마다 고유하며, 적응적이거나 부적응적일 가능성이 있다. 이 노력은 그 과정이 사회적으로 건설적인 노력을 적극적으로 추구할 때 적응적이다. 그리고 개인이 매우 자기중심적이거나 지나치게 소극적이거나 파괴적인 방식으로 기능할 때 부적응적이거나 사회적으로 부적절한 특성을 띤다. 우월성의 추구라는 개념의 삽화에서, 두 사람은 삶에서 중요한 목표나 자신들이 세상에서 중요하게 여기는 의미를 추구한다. 앨리스는 자신의 가족과 공동체에 헌신하고 사랑스러운 일원이 됨으로써 젊은 성인으로서 중요성의 의미를 발견한다. 대조적으로, 앨버트는 관심과 봉사를 요구하며 다른 사람을 지배함으로써 중요성을 추구한다. 비록 두 사람이 중요성의 추구라는 같은 일반적인 목적에서 의미를 얻지만, 그들의 행동 표현은 현저하게 다르다.

아들러는 초기 회상이 우월성을 추구하는 개인의 특성을 분명하게 보여 줄 수 있다는 점을 발견했다.[15] 앞의 사례들을 계속 살펴보면, 앨리스는 다음의 초기 기억을 상기한다. "저는 가족과 함께 해변에 있었고, 우리는 물 근처에서 부드러운 담요 위에 앉아 있었습니다. 저는 아기인 남동생을 안고 싶었고, 어머니에게 제가 해도 되는지 물어보았습니다. 저는 이전에는 혼자서 동생을 안은 적이 한 번도 없었고, 어머니는 동생을 제 옆에 두었습니다. 나는 그를 잠시 안아 줄 수 있어서 너무 좋았습니다." 앨리스가 사회적으로 유용한 수단을 통해 우월성을 추구하고자 하는 노력 사이의 연관성이 이 기억에서 분명하다. 이와는 대조적인 초기 기억에서 앨버트는 "저는 어머니와 함께 식료품점에 있었던 것을 기억합니다. 우리가 금전등록기에서 계산하고 있을 때, 저는 제 앞에 있는 이 모든 사탕을 보았습니다. 어머니는 제게 아무것도 사주지 않겠다고 말씀하셨고, 저는 사탕을 먹고 싶어서 울고 소리 지르기 시작했습니다. 그때 어머니는 저에게 막대사탕을 사주었습니다. 제가 원하던 것을 얻었을 때 정말 행복했습니다." 이 기억 속에서 앨버트는 자신의 이익을 위해 다른 사람들을 조정하거나 이용함으로써 우월성이나 중요성을 추구하려고 노력한다. 두 초기 회상에 나타나 있듯이, 앨리스와 앨버트는 둘 다 적극적인 수단을 통해 특정한 우월성의 목표를 추구한다. 하지만 그들의 노력의 방향은 자기중심성과 다른 사람들과의 협력 면에서 상당히 다르다. 아들러는 '사회적 관심'이라는 용어를 사용하여 이 특정한 역학의 본질적인 특성을 인식했다.

사회적 관심과 초기 회상

사회적 관심(social interest)은 다른 사람과의 소속감과 동일시, 그리고 다른 사람의 삶에 협력하고 이바지하려는 욕구를 포함한다.[16] 사회적 관심의 능력은 다른 사람과의 친밀감을 통해 공감을 경험하고 정서적 유대감을 발달시키는 개인의 능력과 관련이 있다.[17] 사회적 관심이 부족하면 자신에게만 몰두하는 기능과 다른 사람의 관심과 돌봄을 무시하는 것을 수반한다. 사회적 관심의 수준이 낮은 사람은 종종 다른 사람을 희생시키면서 우월성을 추구하며, 더 많이 걱정하고 불행해지는 경향이 있다. 아동기와 청소년기에 개인의 사회적 관심의 발달을 촉진하는 것은 보살피고 격려하는 환경을 조성함으로써 강화된다. 이러한 주요한 발달 시기에 가혹하고 방치된 환경은 종종 열등감을 불러일으키고 좀 더 목적의식이 있는 방향으로 개인의 사회적 관심이 성장하는 것을 방해한다.

초기 회상은 종종 개인의 삶의 패턴에서 사회적 관심의 상대적인 정도를 인식하는 수단을 제공한다.[18] 심리적으로 건강한 개인은 다른 사람과 건설적이고 지속적인 관계를 맺는 데 자신의 사회적 관심의 능력을 활용하는 경향이 있다. 아들러는 또한 훨씬 더

큰 지역사회에 사는 사람은 동물 및 무생물체와 같은 '우리 몸 밖
에 있는 것들'을 동일시하거나 공감하는 것조차 가능하다고 생각
했다.[19] 이러한 사회적 관심이 더 확산하는 것은 다음의 초기 기억
에서 분명하게 나타난다. 젊은 성인인 헤더는 "저는 여섯 살이나
일곱 살이었던 것으로 기억합니다. 봄이었고, 비가 왔었고, 해가
막 나왔을 때였습니다. 제 사촌이 저와 제 누이에게 밖에 나가서
멋진 것을 보고 싶냐고 물었습니다. 우리는 밖으로 나가 돌 밑에서
민달팽이들을 발견했습니다. 저는 제 사촌이 민달팽이 중 한 마리
에 소금을 뿌린 것을 기억합니다. 그러자 그것은 죽어 가기 시작했
습니다. 제 누이와 사촌은 무슨 일이 벌어지고 있는지를 보았을 뿐
이었지만, 저는 민달팽이가 고통을 받고 있었기 때문에 기분이 정
말 안 좋았습니다. 저는 화가 나서 울기 시작했고, 그것이 멋지다
고 생각한 그들에게 정말 화가 났었습니다."라고 상기한다.

  사회적 관심은 개인의 협력적이고 자비로운 의도를 포함한다.
하지만 헤더의 초기 기억에서처럼 이 개념은 단순히 순응하거나
준수하는 것을 의미하지 않는다. 아들러의 관점에서, 사회적 관심
은 목적의식이 있는 또는 삶의 유용한 측면으로 나아가기 위해 돌
봄과 용기를 수반한다. 사회적 관심이 없으면 다른 사람의 기쁨이
나 슬픔에 대한 공감대가 부족하고 무감각하다. 또 다른 예로, 해
리의 초기 회상에서 사회적 관심을 표현한 것을 생각해 보자. "저
는 아침에 학교 가기 전에 지미가 집에서 나오기를 기다렸던 것을
기억합니다. 그가 인도(人道)에 도착했을 때 저는 그를 마구 내리
치기 시작했습니다. 그는 맞서 싸우려고 하지도 않았습니다. 그의
우스꽝스러운 안경이 보도에 떨어졌고 저는 발로 밟았습니다. 안
경을 찌그러뜨리고 지미가 아이처럼 우는 걸 보니 기분이 너무 좋

았습니다." 해리는 초기 기억에서 낮은 수준의 사회적 관심을 나타 내지만, 반사회적 행동을 통해 우월감을 얻는 것처럼 보인다.

활동 정도와 초기 회상

아들러는 사람들이 개인적인 표현의 형태로 삶에서 다양한 진 취성과 참여의 패턴을 보여 준다고 말했다. 그는 이것을 **활동 정도 (degree of activity)**라고 언급했다.[20] 능동적/수동적 연속체의 한쪽 끝에서, 능동성은 능력과 기술을 발휘하고, 사회적 참여를 추구하 며, 생생한 감정을 경험하는 것과 같은 기능을 포함한다. 연속체의 다른 끝에서, 수동성은 활발하지 못함, 사회적 접촉으로부터의 철 수, 무감정 또는 무감각을 수반한다.[21] 아들러는 정신 건강의 중요 한 척도가 개인이 삶의 다양한 과업과 도전에 적극적으로 참여하 는 패턴과 연관이 있다고 믿었다. 사회적 관심과 결합할 때 건설적 인 방향으로, 사람들은 적극적으로 다른 사람들과 협력하고 이바 지하는 노력에 참여한다. 대조적으로, 개인은 공동체적이거나 참 여적인 기능을 향한 노력이 부족하다고 느끼기 때문에 수동적 행 동 패턴을 따를 수 있다.

능동적 성향을 지닌 사람은 일반적으로 삶의 경험에서 진취성, 끈기 및 참여하는 패턴을 보여 준다. 대조적으로, 수동적 성향의 사람은 회피적인 행동이나 다양한 사건에서 벗어나는 방향으로 자 연히 끌린다. 아들러는 한 개인의 활동 정도는 어린 시절에 습득되 며, 그 패턴에 대한 통찰과 변화에 대한 결단이 없이는 평생 비교 적 변함없이 지속한다고 생각했다.[22] 그는 초기 회상을 통해 개인의 활동 정도를 탐지하는 것도 가능하다고 믿었다.[23] 예를 들어, 초기 성인기의 앤드류는 다음의 초기 기억을 말한다. "저는 다섯 살 정도였고, 아버지와 저는 호수에서 낚시하고 있었습니다. 아버지는 저에게 낚싯바늘에 미끼를 끼우고 물속으로 던지는 방법을 가르쳐 주었습니다. 아버지와 함께 있어서 즐거웠고, 우리는 많이 웃었습니다." 이 기억에서 앤드류의 활동 정도가 높아진 것은 사회적 관심에 초점을 맞춘 것과 더불어 분명하다. 대조적으로, 역시 초기 성인기인 조안은 초기 회상에서 "저는 침대에 누워서 천장을 바라보고 있었습니다. 저는 어떤 것도 하고 싶지 않았습니다. 저는 제 남동생이 방 건너편에서 놀고 있었던 것이 기억납니다."라고 말한다. 조안의 수동적인 활동 수준은 사회적 관심이 적은 것을 포함하여 분명하다.

전체론과 초기 회상

아들러의 관점에서, 개인의 행동의 역동적인 통합이나 전체적인 특성을 인식하는 것은 그의 생활양식이나 삶에 대한 관점을 더욱 잘 이해하는 데 이바지한다.[24] 개인이 특정 목표를 통해 우월성을 추구할 때, 아들러가 **전체론**(holism)이라고 언급했던 행동의 통일성 (unity)이 있다. 이런 점에서, 개인은 자신의 감정, 신념, 행동에서 통합된 전체로서 기능하는 것처럼 보인다. 하지만 이 가정은 사람들이 종종 일관성이 없고 혼란스러운 방식으로 행동하는 듯이 보이기 때문에 의문을 불러일으킨다. 그러나 의도성이나 목적은 일관된 방식으로 작용하며, 사람이 다양한 상황에 반응할 때 이를 관찰할 수 있게 된다. 한 예로, 30세의 목수인 빌은 이디스와 장기적인 관계를 계속해야 할지 결정하지 못하는 것 같다. 그는 이디스를 향한 애정에서 감정적으로 갈팡질팡하는 것 같고, 진지한 약속을 하는 것에 대해 마음을 정할 수 없는 것 같다. 하지만 이 명백한 갈등을 전체적으로 고려해 볼 때, 빌의 행동에는 패턴이 있다. 그는 더는 관계를 지속하고 싶어 하지 않는다. 빌은 주저하고 일관성이 없어 보이지만, 결정을 미래의 언젠가로 미루는 그의 회피 기능에는 일관성이 있다. 이런 점에서 아들러는 개인의 성격에 관한 모든 세부적인 사항들을 함께 짜 맞추어 전체를 상세하게 보는 것이 가능하다는 점을 강조했다.[25] 빌의 사례를 계속하면, 그는 이디스와 며칠 동안 연락하는 것을 피하기로 결정한다. 이 행동은 그녀와의 감정적 유대를 위태롭게 하는 것으로 보이지만, 이는 장기적인 관계를 피하려는 그의 의도와 일치한다.

전체론의 원리를 초기 어린 시절 개인이 겪었던 수많은 경험에 대한 초기 기억들과 결부시키면, 자신의 인생관과 관련된 사건들만이 기억되는 것처럼 보인다. 만약 이 가정이 정확하다면, 초기 기억에는 개인의 성격과 삶의 방식의 통일성을 반영하는 일치성이 있어야 한다. 알프레드 아들러의 유명한 동료인 루돌프 드레이커스(Rudolph Dreikurs)는 "그러므로 모든 초기 회상들은 같은 패턴을 보여 준다. 그것들은 다르더라도, 서로 보완하지 결코 서로 모순되지 않는다."[26]라고 이 점을 지지했다. 이 추론 방식을 이용하여, 두 개 이상의 초기 기억을 통합하는 것은 더욱 포괄적이고 전체적인 방식으로 한 사람을 이해하는 데 이바지한다. 예를 들어, 앞서 언급한 민달팽이와 관련된 헤더의 초기 회상과 그녀가 그들이 민달팽이에 한 행동에 대해 얼마나 속상해했는지를 떠올려 보자. 이 기억을 염두에 두고, 헤더의 또 다른 초기 기억을 떠올려 보자. "저는 여섯 살 또는 일곱 살쯤이었고, 언니와 인형 놀이를 하며 옛날 집 방에 앉아 있었던 것을 기억합니다. 우리는 방 전체를 마치 마을처럼 꾸며 놓고 온종일 놀 수 있었습니다. 저는 인형들을 치장하고 그것들의 머리를 손질해 주는 것을 좋아했습니다." 비록 두 기억이 현저하게 다른 사건들을 포함하지만, 그 기억들에는 조화의 가능성이 있다. 두 기억 모두에서 헤더는 민달팽이와 인형을 보살피는 반응을 통해 사회적 관심을 분명하게 보여 준다. 헤더가 활동적이고 협력적이며 참여적인 노력을 주도적으로 보여 주면서, 두 기억 속에서 일관성 있는 패턴이 나타난다. 사회적 관심의 표현으로, 민달팽이에 대한 기억은 헤더가 무방비 상태에 있는 존재들을 대변하기 위해 자신의 조용하고 평화로운 삶을 기꺼이 포기할 의향이 있다는 점을 암시한다.

가족 구도와 초기 회상

개인심리학의 또 다른 주요한 원리는 아들러가 가족 내에서의 출생 순위를 강조한 것과 그것이 지닌 개인의 특징적인 성격 특성과의 관계이다. 아들러는 출생 순위가 정확성 면에서 단지 성향만을 시사한다고 말했지만, 순서상 위치는 치료자와 일반 대중 사이에서 폭넓은 관심을 끌었다.[27] 출생 순위는 한 가족 내에서 다섯 개의 위치로 구성된다. 즉, 맏이, 둘째, 중간, 막내 그리고 외동이다. 출생 순위와 관련된 성격 특성의 간단한 개요를 보면, 맏이는 늦게 태어난 아이들보다 더 많이 성취하려는 경향을 보이고, 둘째 또는 중간 아이들은 야망이 있고 손위 형제들을 능가하려고 할 수 있고, 막내는 자신이 인정받고 있다는 것을 알고자 하는 욕구가 있다. 출생 순위 이외에, 가족 구도(family constellation)는 각 부모의 기능, 가치관과 전통, 그리고 훈육, 애정, 의사소통의 패턴을 포함한다.

초기 회상과 관련하여, 가족 구도와 관련된 함의가 때때로 한 개인의 기억 속에 떠오를 수 있다. 특히, 초기 기억을 통해 개인의 특정 가족 구성원과의 관계를 평가하는 것이 때때로 가능하다. 예를 들어, 저스틴은 가족 중에서 맏이로서 "저는 부모님과 갓 태어난 아기인 남동생과 함께 이모 집을 방문하고 있었습니다. 우리가 집 정문에 도착했을 때, 많은 사람이 거기 있었고 모든 사람이 제 동생을 보면서 흥분했습니다. 아무도 저를 신경 쓰지 않아서 저는 무시당한 기분이었습니다. 마치 제가 중요하지 않은 것 같았습니다."라는 초기 기억을 말한다. 이 기억에서 저스틴은 맏이로서 중요한 위치에서 물러나는 것처럼 보인다. 동시에, 많은 초기 기억들은 가족 구성원을 포함하지 않으며, 가족 구도와 관련된 추론을 하는 것이 가능하지 않다. 중요한 것은 초기 회상에서 인식 가능한 사람은 종종 일반적인 의미에서 개인의 원형(原型)을 나타낸다. 예를 들어 저스틴의 경우, 자신을 간과하는 성인 가족 구성원에게 분개하고, 또한 그가 인생에서 마주치는 많은 사람에게 이러한 감정들을 일반화한다.

아들러가 혁신적인 연구를 한 시기 이후, 수많은 연구자가 초기 기억에 관한 이해를 증진하는 데 이바지해 왔다. 다음 제2부의 4개의 장은 '기억의 새벽 모델(Dawn of Memories Model)'을 통해 초기 회상의 의미와 함의를 명확하게 하고자 이 광범위한 학문을 기반으로 하고 있다.

Part II
초기 회상의 해석과 의미

chapter
04

인생은 내가 처음 기억하는 것이다
초기 회상의 해석과 의미

중요한 것이란 우리가 다른 모든 것을 잊은 후에 기억하는 것이다.

– Virginia Axline[1]

초기 회상의 의미를 해석하는 핵심에는 왜 사람이 특정한 기억을 상기하는가, 그리고 왜 그들이 특정한 방식으로 기억하는가 등의 아주 흥미로운 질문들이 있다.[2] 아이들이 생후 7년 동안 겪는 수많은 경험 중에서 그들은 이 발달 시기로부터 보통 몇 개의 기억만을 떠올릴 수 있다.[3] 일반적으로 한 자리 숫자인 완전히 자발적으로 떠오르는 기억에서, 합리적인 가정은 각각의 기억이 개인에게 특별한 의미를 전달한다는 것이다. 왜 사람이 어린 시절의 특정한 기억을 간직하고 있는가라는 질문에 대해, 알프레드 아들러는 초기 기억이 삶을 인식하는 기본적이고 설득력이 있는 방법을 드러낼 수 있다는 점을 인지한 최초의 이론가였다.[4] 중요한 것은, 초기 기억으로부터 추론하는 이 방법은 개인의 초기 회상에서 떠오르는 내용이나 주제가 자신의 심리적 기능의 근본적인 측면을 전달한다는 중요한 가정에 기초한다. 결과적으로, 초기 기억의 특정한 특징을 개인의 독특한 사고 과정과 행동 패턴으로 해석할 가능성이 있으며, 이것은 아들러의 접근 방식의 실행 가능성을 뒷받침한다.

성격 평가와 초기 회상

초기 회상을 성격 평가 도구로 사용하는 것을 고려할 때, 개인의 삶에서 기억이 오랫동안 얼마나 안정적인가 또는 오래 지속하는가라는 중요한 질문이 제기된다. 만일 기억이 어떤 개인의 삶에서 일시적이고 가변적인 상태에 따라 변한다면, 기억은 성격 특성과 삶의 방식을 평가하는 데 특별히 도움이 되지 않거나 신뢰할 수 없다. 반면에, 만약 어린 시절 처음 몇 년 동안의 기억이 일반적으로 평생 지속한다면, 기억은 성격 기능의 뿌리 깊은 측면을 평가할 가능성이 있다.

예를 들어, 마흔 살의 한 남자가 어느 여름날 처음으로 즐겁게 자전거를 타는 것에 대한 초기 회상을 이야기한다. 이 특정한 기억은 개인이 이 기억을 떠올릴 때의 즐거운 기분의 산물인가? 아니면 낙관적인 삶의 패턴을 지향하는 성향을 반영하는 것인가? 이 중요한 '상태 대 특성(state vs. trait)?' 질문을 명확히 하기 위한 시도로, 몇몇 연구자들이 다양한 연구에서 초기 기억의 안정성이나 지속성의 특성을 검토해 왔다.[5] 한 장기 종단 연구에서 필딩 연구소(Fielding Institute)의 전임 교수이자 예루살렘 히브루 대학교(Hebrew University)의 심리학 교수인 루셀렌 조셀슨(Ruthellen Josselson)은 무작위로 선정한 24명의 여대생에게 22년 동안 세 차례에 걸쳐 초기 기억을 회상해 달라고 부탁했다.[6] 조셀슨은 연구 결과를 분석하면서, 여성들의 초기 기억이 20년 이상 매우 미묘한 변화는 있지만, 주제의 내용 면에서 대체로 안정적이라는 것을 발견했다. 조셀슨의 연구 결과와 일치하게, 오늘 내가 나의 초기 기억을 회상할 때, 이 기억들은 40년 전에 내가 처음 기억을 평가하기 시작했을 때 떠올랐던 것들과 유사한 시각적 장면과 감정적인 반응들을 불러일으킨다.

투사 기법으로 불리는 것에서, 초기 회상은 심리상담과 심리학에서 오랫동안 많은 논란의 역사가 있는 성격 평가 도구 모음에 속한다.[7] 1920년대에 탄생한 로르샤흐 잉크 반점 검사(Rorschach Ink Blot Test)는 세계에서 가장 유명한 투사 평가 도구이다.[8] 이 평가 절차에서 개인은 자신에게 제시된 10개의 모호한 자극 카드에서 본 것을 묘사한다. 로르샤흐 검사 및 다른 투사 접근법과 마찬가지로, 초기 회상은 간단하고 일반적인 지침을 사용한다. "당신이 어렸을 때인 오래전으로 돌아가서, 당신의 초기 기억 중 하나, 즉 당신이 기억할 수 있는 최초의 것 중의 하나를 떠올려 보십시오."[9] 또한 초기 회상은 8세가 되기 전의 초기 어린 시절로부터 기억을 끌어내는 비교적 구조화되지 않은 작업을 포함한다. 다른 몇몇 투사 기법과 마찬가지로, 개인이 공개하는 초기 기억의 내용은 사실상 무제한에 가까운 독특한 반응을 낳는다. 해석 과정을 통해, 초기 회상의 반응에서 생성되는 자료는 그 사람의 생활양식이나 뿌리 깊은 인생관에 관한 통찰력을 제공한다. 동시에 대부분 사람은 자신의 초기 기억이 삶의 방식 및 삶의 패턴을 개인적으로 이해할 수 있는 원천을 풍부하게 드러낼 수 있다는 점을 모른다.

대부분의 다른 투사 기법들의 특징과 유사하게, 성격 평가 도구로서 초기 회상을 채택할 때 강점으로 보일 수 있는 동일한 특성이 또한 잠재적인 약점을 나타낸다. 초기 기억에 관한 간단한 질문이 떠올리게 할 수 있는 무수히 많은 인간의 반응은 그 의미를 정확하게 해석하는 데 큰 어려움을 초래한다. 총체적으로 인간은 모든 종류의 상황에서 무한하고 다양한 내용의 초기 어린 시절 경험을 회상할 수 있다. 규준이나 사용 표준을 설정하여 개인들로 이루어진 집단 간의 초기 기억을 평가하려는 시도는 방대하고 벅찬 양의 데이터를 생성할 수 있다. 현대의 통계적 계산을 이용하는 것이 가능하지만, 각 기억은 한 개인에게 독특하고 일회성 구조이기 때문에 초기 회상을 해석하기 위해 경험적 분석을 하는 것이 가능하지 않았다. 그러나 동시에 많은 연구자는 아들러가 처음으로 이해의 치료적 가치를 발견한 이후 초기 회상 해석 체계를 개발하려고 시도했다.

알프레드 아들러의 초기 회상 해석 방법

직관적이고 예술적으로 초기 기억을 끌어내고 해석하는 능력으로, 아들러는 기억이 다른 어떤 평가 절차보다 개인의 생활양식을 이해하는 가장 중요한 수단을 낳는다는 것을 깨달았다.[10] 아들러는 사람을 공감하고, 개인이 자신의 세계를 어떻게 경험하고 인지하는지를 이해하기 위해 초기 어린 시절의 기억을 창의적으로 사용하는 비범한 능력이 있었다. 하지만 유감스럽게도 아들러는 자신의 글에서 치료 상황이나 일상생활에서 초기 기억을 활용할 때, 다양한 성격 특성과 행동 패턴을 직관적으로 파악하는 방법에 대해 체계적으로 논의하지 않았다. 동시에 아들러는 초기 회상을 다룬 여러 작품을 썼고, 이 글들에서 기억을 해석하기 위한 단서를 찾을 수 있다.[11] 아들러는 초기 기억을 해석할 때 자신의 치료 접근법에 대한 전반적인 인상을 보여 주는 논평을 포함하여 환자나 내담자에 대한 수많은 사례 연구를 언급했다. 어떤 특정한 사례에서, 한 젊은이가 초기 기억을 떠올린다. "저는 아이용 자동차를 타고 온종일 돌아다녔습니다."[12] 이 짧은 기억에서 아들러는 운동과 움직이는 활동에 관한 개인의 성향을 주요한 주안점으로 알아보았다. 내담자가 직면한 다양한 문제 중에서, 그는 자신의 인생에서 좌업(坐業, 앉아서 일하는 직업)에 적응하는 데 어려움을 겪고 있었다. 이 사례에 대한 다소 유머러스한 결론으로, 이 젊은 남자는 결국 여행 판매원이란 적합하고 즐거운 직업을 찾았다!

아마도 아들러의 초기 회상 해석 방법에서 가장 두드러지고 중요한 측면은 개인이 지닌 기억의 주제나 중심 개념을 식별하는 것이었다. 앞에서 제시한 아이용 자동차 기억에서 이동 활동 형태의 움직임은 주목할 만한 초점에 해당하며, 개인의 기억과 관련된 기본적인 주제 구조 또는 '큰 그림(big picture)'을 제공한다. 주제를 확인하는 것은 기억에서 일어나고 있는 짧은 이야기와 관련이 있고, 아들러 이후의 연구자들은 초기 기억 해석 접근법과 절차를 만드는 데 주제 분석을 일관되게 사용했다.[13]

주제의 중심적 역할을 강조한 것 외에도, 아들러와 후속 연구자들은 초기 기억 해석 방법을 개발하면서 다양한 성격적 특성과 특질을 인지하는 데 초점을 맞추기 시작했다. 아들러는 개인의 초기 회상에서 탐지할 수 있는 활동 정도와 사회적 관심과 같은 성격적 측면을 고려하여 이를 실행하기 시작했다.[14] 예를 들어, 젊은 성인인 사라는 자신이 어린 소녀였던 때의 기억을 떠올린다. 사라는 신발 끈을 묶으려고 노력하고 있었고, 그녀의 엄마는 사라가 그것을 완수하도록 격려하며 근처에 서 있었다. 사라는 성공적으로 자신의 신발을 묶었고, 자신의 성취에 자부심을 느꼈다. 이 기억에서, 사라가 과업을 수행할 때 보인 건설적인 끈기와 엄마와의 긍정적인 상호 작용은 높은 수준의 활동과 사회적 관심이라는 성격 특성을 시사한다.

초기 회상 해석 방법

아들러 이후의 다양한 연구자들이 초기 회상과 관련된 다양한 성격 특성을 조사했으며, 그들은 정상적·비정상적 분류를 포함하여 다양한 사람들의 기억 속에서 인간 자질이 존재하는지, 아니면 상대적으로 부재하는지를 탐색하는 관례를 따랐다. 연구자들이 개발한 기억에 관한 해석 방법 또는 점수 채점(scoring) 방법은 개인의 반응을 미리 정해진 성격 범주와 다른 기능적 측면에 할당하는 방법을 활용하기 시작했다. 가장 널리 사용되는 초기 회상 해석 연구 도구로 오스틴 소재 텍사스 대학교(University of Texas)의 교수인 가이 마나스터(Guy Manaster)와 샌 재신토 대학교(San Jacinto College)의 교수인 토마스 페리만(Thomas Perryman)은 7개의 카테고리로 이루어진 점수 채점 모델을 고안했다.[15] 마나스터-페리만 체계의 주요 성격 변수에는 개인의 능동-수동 차원과 내적-외적 통제 소재가 포함되었다. 통제의 소재는 사람들이 자기 삶의 결과를 긍정적인 방향과 부정적인 방향으로 이끌어 가는 데 얼마나 많은 영향을 미친다고 느끼는지와 관련이 있다. 외적 통제 소재를 가진 사람은 삶의 결과가 대체로 자신의 영향력을 벗어나 있다고 믿는 경향이 있고, 내적 통제 소재를 가진 사람은 자신의 개인적 노력을 통해 변화에 영향을 미칠 수 있다는 방식으로 행동한다. 외적 통제 소재를 보여 주는 초기 회상의 예로, 달린은 1학년 때 일어났던 기억을 떠올린다. "저에게 선생님이 칠판에 뭔가를 그리라고 요구한 것을 기억합니다. 대부분의 다른 아이들이 이미 칠판에 쓰려고 걸어나갔지만, 저는 제가 할 수 있을 것으로 생각하지 않았습니다. 저는 자리에 앉아 있었고, 당황했습니다." 달린의 기억에서 그녀가 보여 준 외적 통제 소재와는 대조적으로, 같은 반 친구인 엘렌은 내적 통제 소재를 경험한다. 비슷한 상황에서 엘렌은 칠판에 뭔가를 쓸 수 있다는 자신감을 느끼면서 학급 앞으로 열심히 걸어나간 것을 기억한다.

마나스터와 페리만은 기억 속의 감각 양상과 환경이나 장소를 고려하는 것에 중점을 두고, 초기 회상을 평가하는 다른 통찰력 있는 방법을 제시했다. 자신들의 연구에서 마나스터와 페리만은 시각 기능이 개인의 초기 기억 이야기에서 압도적으로 눈에 띈다는 점을 발견했다. 다섯 개 감각 중 어떤 감각의 표현은 개인이 삶에서 선호하는 감각과 연루된 것으로 여겨졌다. 초기 기억 속에 있는 장소는 개인에게 독특하며, 연구자에 따르면, 장소를 강조하는 것은 특정한 환경에 대한 그의 평가를 시사한다. 예를 들어, 마나스터와 페리만의 연구 결과와 관련하여, 다음의 초기 회상은 개인의 촉각과 기억 속의 특정한 장소를 강조한다. 35세의 조이스는 "저는 침실에서 하얀 의자에 앉아 있던 것을 기억합니다. 엄마는 내 머리를 빗겨 주고 있었습니다. 엄마는 제 머리카락을 길게 땋고 있고, 그것은 매우 멋지고 편안한 느낌입니다. 엄마가 내 머리와 머리카락을 만질 때 엄마의 손은 부드럽고 온화했습니다. 내 방은 멋진 파란색이었고, 나는 따뜻한 이불을 두르고 있습니다." 이 기억에서 촉각은 조이스에게 중요한 감각 양상이고, 집과 그녀의 침실은 매혹적인 매력을 전달하는 특별한 장소이다. 또한 조이스와 그녀를 돌보아 주는 어머니와의 관계도 기억에서 뚜렷하다. 평생 조이스는 촉각 양상에 특별히 민감했다. 옷의 따뜻함과 부드러움, 친밀한 관계에서 자주 접촉을 받고 싶어 하는 조이스의 욕구와 같은 영역에서, 촉각은 두드러지고 영향력 있는 감각이다. 장소와 관련하여, 조이스는 자신의 침실과 집의 나머지 부분이 행복감을 주며, '귀가(coming home, 歸家)'는 항상 매혹적인 특성이 있다는 것을 알게 된다. 또한 조이스에게 집은 자신이 어머니에 대해 가진 사랑의 감정과도 관련이 있다.

감각과 장소 외의 지각 양식을 검토하면서, 두 가지 다른 변수가 초기 회상과 관련된 연구 문헌과 내가 접촉했던 개인들의 기억들에서 일관되게 나타났다. 즉, 색(color)과 물리적 대상(physical objects)이다. 색에 대한 인식에 관련하여, 그린즈버러 소재 노스캐롤라이나 대학교(University of North Carolina)의 교수인 토마스 스위니(Thomas Sweeney)와 제인 마이어스(Jane Myers)는 소수의 사람만이 초기 기억에서 색으로 사건을 묘사하고, 대부분 사람은 자신의 기억을 흑백으로 본다는 점을 발견했다.[16] 자신의 기억 속에서 색의 존재를 말하는 개인은 "하늘은 푸르다." 또는 "햇빛이 창문을 통해 빛나고 있다."와 같은 진술을 한다. 스위니와 미이어스의 관점에서, 초기 어린 시절의 기억 속에 색이 나타나는 사람은 종종 삶에서 색과 친밀감이 있다. 이것은 옷차림의 색상을 선택할때의 차별화, 집안 실내 장식에서 색상 조화에 대한 강조와 관심, 그리고 삶의 다양한 측면에서 색을 인지하는 것과 같은 행동 표현에서 나타날 수 있다. 또 다른 지각 양상으로서, 대상의 물리적 존재는 초기 회상에서 일부 사람에게 두드러진 관심의 초점이며, 또 다른 사람에게는 대상이 이차적이거나 부수적인 성질의 것이다.[17] 초기 기억 속의 뚜렷한 대상이 눈에 띄고 정서적 반응을 불러일으킬 때, 그 대상은 종종 사람의 삶에서 특별한 의미가 있다. 예를 들어, 알버트 아인슈타인의 초기 기억에서 아버지가 그에게 나침반을 보여주었고, 그는 손에 들고 있는 도구의 자기 작용에 매료되었다.[18] 아인슈타인의 삶에서, 과학적 대상들은 그의 연구에 필수적인 문제 해결 기능을 제공했고, 물리 세계의 대상에 관한 이론화로 그는 세계적으로 유명한 물리학자가 되었다.

기억의 새벽(Dawn of Memories)
- 초기 회상 해석 모델

초기 회상의 의미를 해석하는 새로운 접근법을 만들면서, 나는 아들러가 초기 기억에 관해 처음 연구를 한 이후 발표된 주요 점수 채점 방법들에서 중요한 요소들을 한데 모았다. 검토한 모든 초기 기억 해석 체계에서 주제와 주제 분석이 존재했다는 점을 고려할 때, 주제 분석은 나의 해석 모델에서 주요한 역할을 수행했다. 개인의 초기 기억 속의 중심 아이디어나 핵심 아이디어를 파악하려는 시도는 그것이 사람의 삶의 방식과 관련이 있으므로 주제의 초점을 두드러지게 보여 준다. 내가 검토한 점수 채점 체계 전반에 걸쳐서, 다양한 성격 특성들에 관심을 기울인 점도 또 다른 주요 강조점이었다. 포함해야 할 성격 변수를 선택할 때, 특정한 특성들은 초기 회상의 의미를 명확히 하고 삶에서의 심리적 함의를 위해 중요하다. 나는 나의 초기 회상 해석 방법에 활동 정도(degree of activity), 사회적 관심(social interest), 낙관주의/비관주의(optimism/pessimism), 자기효능감(self-efficacy), 성실성(conscientiousness)의 성격 특성들을 포함하기로 했다. 마지막으로, 특정한 지각 양식이 초기 회상에서 탐지될 수 있고, 삶의 넓은 맥락에서 사람들의 삶의 방식을 이해하는 데 이바지한다. 내가 선택한 지각 양상에는 감각(senses), 색(color), 위치 또는 장소(place or location), 물리적 대상(Physical objects)이 포함된다. 다음 장에서는 18세기 식민지 시대 미국에서 벤자민 프랭클린의 삶과 관련된 그의 초기 어린 시절의 기억을 평가함으로써 초기 회상 해석 모델인 '기억의 새벽'에 대한 개요를 제공한다.

호루라기

기억의 새벽(Dawn of Memories) - 초기 회상 해석 모델

> 어린 시절의 초기 기억들은 우리의 의식적 삶의 명백한 시작점이
> 라는 이유만으로 마법적인 특성이 있다.
>
> – Patrick Huygue[1]

벤자민 프랭클린은 미국 건국의 아버지로서의 두드러진 역할을
넘어서, 작가, 과학자, 발명가, 정치가, 외교관 그리고 자선가로서
평생 인류에 수많은 공헌을 했다. 하지만 프랭클린에 관해 가장 기
억에 남는 것은 번개가 전류를 지니고 있다는 것을 증명하기 위해
뇌우 속에서 연을 날리는 상징적인 이미지이다. 그는 평온한 얼굴
과 어깨 길이의 머리카락을 가진, 식민지 시대 미국의 유명한 역사
적 인물로 일반적으로 잘 알려져 있다. 프랭클린은 유명한 『자서전
(Autobiography)』에서 자신의 오랜 생산적인 삶에 관해 자세히 설
명했고, 새로운 나라의 성장과 가치를 형성하는 데 있어 자신의 영
향력에 관해 이야기했다.[2] 노년에 쓴 또 다른 작품 '호루라기(The

Whistle)'에서 프랭클린은 자신의 성격 특성과 삶에서 자신에게 가장 의미 있었던 것을 드러낼 수 있는 재료를 제공하는 초기 기억을 이야기했다.[3] 그 기억의 범위와 복잡성은 초기 기억의 해석 과정을 보여 주는 본보기이다. 프랭클린의 삶에 관한 이야기의 개요를 소개한 후, 나의 논점은 나의 초기 회상 해석 모델인 '기억의 새벽 모델(Dawn of Memories model)'을 통해 그의 초기 어린 시절의 기억을 해석하는 데 초점을 맞춘다.

벤자민 프랭클린의 삶

벤자민 프랭클린은 1706년 보스턴에서 17명의 아이들 중 15번째로 태어났다. 그의 정규 교육이 비록 불과 몇 년 만에 끝났지만, 그의 지식에 대한 추구와 개인적 발전을 위한 탐구는 끝이 없었다. 17세에 주머니에 돈 몇 푼만을 지니고 프랭클린은 보스턴을 떠나 필라델피아로 갔고, 인쇄소 견습생으로 일자리를 얻었다.[4] 그의 근면함, 얘기를 좋아함 그리고 독학으로 터득한 작가로서의 솜씨로 프랭클린은 신문 출판과 서적 거래에서 성공을 거두며 인쇄업에서 번창했다. 1732년 프랭클린은 『가난한 리차드 연감(Poor Richard's Almanack)』[5]이라는 제목의 연감 시리즈를 제작하기 시작했다. 이 책들에는 팽창하던 식민지 국가에서 특히 인기 있었던 풍자적인 유머, 도덕적 충고, 실용적인 정보가 혼합되어 담겨 있었다. 근면과 검소와 같은 덕목을 극찬하며, 프랭클린은 "부유한 사람은 절약하며 살 필요가 없고, 절약하며 살 수 있는 사람은 살기 위해 부자가 될 필요가 없다."[6]와 같은 격언들을 내놓곤 했다. 1757년 영국으로 항해하면서, 『자서전』과 더불어 그의 가장 유명한 작품인 『부자가 되는 길(The Way to Wealth)』을 쓰기 위해 프랭클린은 지난 25년간의 모든 연감을 검토했다.[7]

문제 해결에 관한 그의 타고난 성향과 높은 수준의 지적 호기심 덕분에, 프랭클린은 평생 과학과 기술에 강한 매력을 느꼈다. 그의 창의적인 사고 대부분은 일상생활의 문제에 관한 실질적인 해결책을 찾는 데 있었다. 전기의 발견과 피뢰침의 발명으로 그는 국제적인 찬사를 받았다. 과학적 탐구와 근면함으로 프랭클린은 사람의 삶을 개선하기 위한 유용한 방법을 추구하였고, 기상학, 냉동, 난방 및 농업에 관한 지식의 진보를 이끌었다. 게다가, 프랭클린은 이중초점 안경을 발명했고, 프랭클린 난로의 혁신적인 설계는 난방을 더 효율적으로 만들었다. 프랭클린의 명성이 최고의 과학자에 이르면서 그의 견해와 의견은 널리 알려졌고, 식민지와 유럽 전역에 걸쳐 인기가 많았다. 프랭클린은 또한 새로운 악기인 아모니카(armonica)(유리 하모니카라고도 불림-역자 주)를 완성했다. 이것은 다양한 크기의 유리 용기의 가장자리에 젖은 손가락을 문지름으로써 공명을 일으켜 음색을 냈다.[8]

42세의 이른 나이에, 프랭클린은 번성하던 인쇄업을 그만두고, 야심 찬 다양한 시민 활동을 통해 공공 서비스에 전념했다. 필라델피아 시민의 안전과 보안을 강화하기 위해, 프랭클린은 손해보험회사, 소방대, 공공 대출 도서관, 병원, 민병대, 대학, 학회의 탄생과 여타 지역사회 개선에 중요한 역할을 했다.[9] 1753년에 프랭클린은 북아메리카 우정공사 총재 자리에 임명되었고, 즉시 우편 서비스를 확대하고 광범위한 업무를 보다 효율적으로 운영하기 시작했다. 가식 없는 태도와 유쾌한 유머로 프랭클린은 펜실베이니아

의회에서 가장 활동적인 의원이 되었고, 식민지 미국에 대한 영국의 정책을 거침없이 비판하는 역할을 했다.[10] 프랭클린은 펜실베이니아 대표로 뽑혔고, 1775년 제1차 대륙회의(the First Continental Congress)에 참석하여 그 곳에서 독립선언서를 작성하기 위한 소위원회에 참여했다.

프랭클린의 주목할 만한 삶의 마지막 단계에서, 1781년 미국을 대표하여 영국과의 평화 협상에 책임 위원으로 임명된 것 외에도 프랑스에서 대사로서의 외교적 성공으로 그의 이름은 국제적으로 훨씬 더 유명해졌다. 건강이 좋지 않아지자, 프랭클린은 공익을 증진하기 위한 마지막 행동으로 헌법 제정 회의의 가장 오래된 일원으로 활동했다. 프랭클린은 1790년에 84세의 나이로 세상을 떠났고, 그리스도 교회 묘지에 잠든 아내 데보라와 아들 프랜시스 옆에 묻혔다.[11]

벤자민 프랭클린의 초기 회상

1779년 11월 10일, 프랭클린은 프랑스 파시에서 그의 친구인 브릴리온 부인에게 보낸 편지에서 '호루라기'를 썼다. 그가 파시에서 사는 동안 쓴 이 짧은 수필 또는 바가텔('가벼운 작품'이라는 뜻–역자 주)이 프랭클린의 초기 어린 시절의 기억을 이야기했다.

66

제가 일곱 살 아이였을 때, 친구들이 휴일에 제 주머니에 동전을 가득 채워 주었습니다. 저는 곧바로 어린이 장난감을 파는 가게로 갔

습니다. 그리고 가는 길에 다른 아이의 손에 들려있는 호루라기 소리
에 매료되었습니다. 저는 자발적으로 가진 돈을 다 주고 호루라기 한
개를 얻었습니다. 그런 후 저는 집에 와서, 온 집 안을 돌아 다니며 호
루라기를 불었습니다. 저는 호루라기에 아주 흡족했지만, 온 가족을
방해했습니다. 제 형제자매와 사촌들이 제가 한 거래를 알고는, 제가
호루라기의 가치보다 4배나 더 많이 주었다고 말했고, 나머지 돈으로
어떤 좋은 것들을 살 수 있는지를 저에게 상기시켰습니다. 그리고 그
들이 제가 저지른 어리석은 행동에 대해 너무 많이 웃어서, 저는 속이
상해서 울었습니다. 그 기억은 호루라기가 저에게 준 기쁨보다 더 큰
원통함을 주었습니다.[12]

99

벤자민 프랭클린의 초기 회상 해석

기억의 새벽(Dawn of Memories) 모델을 사용하여 초기 어린 시
절 기억을 해석하는 것은 세 가지 수준 또는 관점인 핵심 주제(core
theme), 성격 특성(personality dimensions)과 지각 양상(perceptual
modalities)을 포함한다. 주제상으로, 처음의 초점은 기억의 주요
주제 또는 핵심 요점을 알아보려고 시도하는 것이다. 프랭클린의
기억과 관련하여, 이것은 그의 초기 회상의 중심 아이디어 또는
'큰 그림'을 파악하는 것이다. 성격 특성과 관련하여, 분석은 활동
정도, 성실성과 같은 기억에서 감지할 수 있는 주요한 성격 변수들
의 의미를 평가하는 것으로 이동한다. 프랭클린의 초기 기억의 이
야기를 통해, 그의 삶에서 질적으로 강조한 것을 결정하기 위해 다
섯 가지의 중요한 특징들 각각을 검토하게 된다. 마지막 해석 단계

에서, 관심은 개인의 지각 양상과 세상을 인식하는 방법을 평가하기 위해 초기 회상을 사용하는 방향으로 전환된다. 다섯 가지의 감각(senses), 색(color), 장소(place) 및 대상(objects)을 포함하는 각각의 모드에서 프랭클린의 경험에 미친 정향적(orienting) 영향과 관련하여 판단이 이루어진다. 평가 과정에서 세 가지 관점을 개별적으로 강조하지만, 개인의 성격 기능이나 생활양식에는 통일성이 있다. 이 전체론적 패턴은 프랭클린의 주목할 만한 삶의 맥락에서 초기 기억을 해석함으로써 인식될 수 있어야 한다.

핵심 주제

초기 회상의 의미를 이해하기 위한 핵심적인 측면은 공감의 기능이다.[13] 개인의 초기 기억을 구두로 듣거나 이야기 버전을 읽을 때, 그 기억과 관련된 사람이 되는 것이 어떤 것인지 잠깐 동안 경험할 수 있다. 인간은 한 개인의 초기 어린 시절 기억에 동조할 때 시각적 이미지 및 다른 감각적인 이미지를 불러일으킬 수 있는 공감 능력이 있다. 초기 회상에서 주제 분석에 관하여, 사건의 기본 줄거리나 주제를 확인하는 것이 주요 초점이다. 테마파크['퓨처(The Future)'와 '와일드 웨스트(The Wild West)']가 전반적으로 놀이 활동들을 연결하는 것과 거의 같은 방식으로, 중심 연결 아이디어를 제공하는 초기 기억의 이야기에서 핵심 주제를 탐지할 수 있다. 짧은 이야기에서와같이, 주제는 이야기의 주요 요점이나 무슨 일이 일어나고 있는지를 전달한다.

주제 관점에서 프랭클린의 초기 회상의 핵심 주제는 '학습된 교훈'과 관련이 있는 것 같다.[14] 프랭클린이 자신의 실수를 깨닫고 인정하는 것이 쓰라린 만큼, 그의 정서적 반응은 신경에 거슬리는 실수로부터 배우려는 결단을 시사한다. 이런 의미에서, 주제는 판단 착오의 인식에서 인생에서 더 잘하려는 결심으로 확장된다. 프랭클린은 『가난한 리처드 연감』에서 이러한 감정을 포착하고 있다. "아픔을 주는 것들이 가르침을 준다."[15] 또한, 쓰라린 교훈의 본질은 신중하고 이성적인 조처를 하여 충동적이고 낭비적인 행동을 억제하는 것이 중요하다는 점을 시사한다. 프랭클린이 배웠던 것 같이, 문제의 해결책을 발견하거나 문제를 바로잡는 것은 경솔한 결과보다는 실질적인 결과를 추구함으로써 일어날 가능성이 더 크다. 그의 초기 회상에서처럼, 이것은 불쾌하거나 심지어는 듣기조차 힘든 것을 포함하여 다른 사람의 말에 귀 기울이고, 변화하는 상황에 적응하는 것과 관련이 있는 것 같다.

학습된 교훈이라는 핵심 주제의 다양한 측면들은 프랭클린의 대단히 생산적인 삶의 과정을 통해 알아볼 수 있다. '호루라기'에서 프랭클린은 대부분의 인생의 문제와 불행은 사람들이 "사물의 가치를 잘못 추정하고 자신의 호루라기에 너무 많이 지급함으로써[16] 야기된다."고 강조했다. 그의 『자서전』에서 반복되는 패턴은 그가 실수하거나 실수를 인정하고 나서 자신의 잘못과 결점을 고치는 것이다.[17] 예를 들어, 프랭클린은 젊은 시절 필라델피아에 도착했을 때 우연히 만난 데보라 리드라는 젊은 여성에게 거의 관심을 기울이지 않았다. 몇 년 후에 그는 자신이 홀대하고 간과했던 점을 인정하며 데보라에게 구애하기 시작했고, 그들은 1730년에 결혼했다.[18] 자신을 스스로 향상하려는 프랭클린의 의지는 자신의 글솜씨, 외국어 능력, 도덕적 행동을 발전시키려고 했을 때 분명했다. 『가난한 리처드 연감』, 『자서전』, 그리고 다른 문학 작품들에서 그는 사람들이 낭비를 피하고, 유용하고 생산적인 삶을 살 수 있도록 신중함과 이성의 원칙을 강조했다. 일상생활의 문제에 관한 해결책을 찾으려는 그의 노력은 과학과 기술에서의 발견뿐만 아니라 실용적인 발명으로 이어졌다. 초기 회상에서처럼 프랭클린은 다른 사람의 말에 귀 기울이고, 그들로부터 배우려는 타고난 경향을 보여 주었다. 변화에 적응하는 것이 프랭클린의 삶의 방식이 되었다. 예를 들어, 새롭고 도전적인 경험을 추구하면서, 그는 수차례 신흥 사업과 정치적 기회를 찾느라 안정적이고 수익성 있는 지위를 포기했다.

성격 특성

성격과 인간 행동에 관한 방대한 문헌에서, 어떤 특성들은 개인의 독특성을 묘사하는 주요한 변수들이 된다. 초기 회상은 개인의 지속적인 기능 패턴과 삶의 방식에서 독특한 측면을 명확히 하는 데 이바지한다. 초기 기억을 평가할 때 나타나는 다양한 성격 특질을 확인하면, 개인의 정신 건강과 정서적 행복에 영향을 미치는 특정한 특성을 선택할 수 있다. 이러한 변수들은 초기 회상에 관한 연구에서도 두드러지며, 잠재적으로 변화와 발달의 대상이다. '기억의 새벽 모델'에서 내가 선택한 성격 특성들은 활동 정도(degree of activity), 사회적 관심(social interest), 낙관주의/비관주의(optimism/pessimism), 자기효능감(self-efficacy) 그리고 성실성(conscientiousness)이다. 벤자민 프랭클린의 삶의 맥락에서 변수들을 논의하는 것은 각각의 성격 특성을 명확하게 한다.

활동 정도

성격 특성으로서 활동 정도는 삶의 경험과 과업에 있어서 개인의 진취성 및 참여의 패턴과 관련이 있다.[19] 높은 수준의 활동은 목적의식을 가지고 지속적으로 다양한 노력과 모험을 추구하려는 시도와 연관된다. 전형적으로 더 강렬한 활동은 정서적 반응을 상승시키고 다양한 기능과 활동에 전념하게 한다. 대조적으로 낮은 수준의 활동을 보이는 사람은 정체, 불활성(不活性) 그리고 철수의 패턴 등 수동적인 삶의 방식을 취한다. 개인은 일반적으로 인생에서 도전과 역경을 피하려고 한다. 이러한 행동은 종종 무관심, 무감동, 냉담함 등의 감정을 포함하는 정서적 반응을 초래할 것이다.

벤자민 프랭클린의 높은 활동 정도는 젊었을 때 보스턴 거리에서 보낸 모험적인 시절부터 세계적으로 유명한 인물로서 활기찬 삶을 끝마칠 때까지 계속되었다. 프랭클린은 초기 회상과 삶에서 매우 활동적이고 기동적(機動的)이었다. 그는 유럽 전역과 식민지 아메리카의 많은 지역을 여행했고, 개인적인 탐험을 하며 끊임없이 이동했다.[20] 하지만 그의 활동은 물리적·지리적 영역을 훨씬 넘어서 사회, 지식, 기업, 도덕, 정부 그리고 과학 분야 등에 참여했다. 그는 인간의 상태와 관련된 모든 것에 무한한 관심이 있었고, 그것은 인간의 삶을 향상하고자 하는 수반된 방식에서 볼 수 있었다. 창조적인 노력을 시작해서 결실을 볼 수 있는 활기찬 능력이 프랭클린의 삶의 방식이었다. 초기 회상에서와 비슷하게, 프랭클린은 관심의 중심이 되는 역할 및 자신의 호기심과 흥미를 불러일으키는 대상 및 사람을 찾는 데 성공했다. 그는 삶에 대한 열정이 있었고, 이 열정은 목적의식이 있는 경험을 계속해 나갈 때 강한 활동 정도를 통해 표현되었다.

사회적 관심

또 다른 중요한 성격 변수로서, 사회적 관심은 인류와의 동일시나 친밀감과 관련이 있다.[21] 사회적 관심의 수준이 높은 사람은 보통 다른 사람에 대한 연민과 공감 반응을 불러일으키고, 다른 사람의 복지에 이바지하려는 협력 활동에 참여한다.[22] 사회적 관심이 높아짐에 따라 개인은 공동체 내에서 소속감과 다른 사람과 정서적 유대감을 모두 경험하는 경향이 있다. 그 사람은 사회적으로 유용한 노력을 함으로써 잠재적으로 삶의 목적이나 의미를 느끼고 행복을 증진할 수 있다. 대조적으로, 사회적 관심의 수준이 낮은 사람은 종종 다른 사람들로부터 정서적 분리나 소외의 패턴을 경험한다. 그러한 사람은 전형적으로 자기 자신에게 집착하고 다른 사람에 대한 연민이나 공감이 부족하다.

벤자민 프랭클린은 자신과 다른 사람에 대한 관용과 수용을 발산하고, 생산적이고 저명한 사회 구성원으로서 자신의 역할을 즐기는 것처럼 보였다. 그의 사회적 관심은 높았고, 끊임없이 자신을 개선하고 다른 사람의 개인적인 상태를 향상하는 방법을 모색했다. 그의 목적이 있는 삶의 과정 내내 사람의 일상생활을 개선하려는 프랭클린의 강렬한 욕망은 지속하였다. 그의 실용적인 발명 및 실험과 시민 의식을 통한 것이든 또는 공동체 개선 노력을 통한 것이든 간에, 프랭클린은 사회적으로 유용한 삶을 이끌려는 의지를 보여 주었다. 이런 점에서, 프랭클린은 『가난한 리처드의 연감』에서 "세상에서 가장 고귀한 질문은 내가 그 안에서 무엇을 할 수 있느냐는 것이다."[23]라고 썼다. 프랭클린은 학교, 병원, 공공 대출 도서관과 같은 공공성이 있는 프로젝트에 공헌함으로써, 여러 방면에서 사회 발전을 증진했다. 그의 저술에는 선행과 자비로운 삶을 사는 방법에 관한 힌트와 충고로 가득했다. 동시에 프랭클린은 냉철한 자기 자각이 있었고, 자신의 한계와 결점을 자주 인정했다. 이 인식의 눈을 통해 프랭클린의 행동의 한 측면을 지적할 수 있는데, 이는 영국과 프랑스에서의 대사직과 개인적인 여행때문에 아내와 자녀들과 과도하게 오랫동안 떨어져 지낸 것으로 특징지어졌다. 물론 이러한 패턴들은 가족을 위한 그의 정서적 헌신에 대해 의문을 제기한다.

낙관주의/비관주의

평가적인 입장에서, 낙관주의와 비관주의는 개인이 삶에 대해 지니고 있는 호의적인 기대 혹은 불리한 기대와 관련이 있다.[24] 낙관주의와 비관주의는 종종 명확하게 범주적으로 구분되어 고려되지만, 각 관점 내에는 높은 수준부터 낮은 수준까지 다양한 변화가 존재한다. 달리 말하면, 개인은 낙관주의나 비관주의를 강하게 또는 약하게 유지하는 것이 가능하다. 낙관적인 전망을 하는 사람은 종종 삶에서 충족감과 만족감을 경험하고 미래에 대한 긍정적인 기대를 한다.[25] 일반적으로 문제에 초점을 둔 활동에 참여함으로써 도전과 요구에 직면하고, 역경에 대응할 때 의미를 찾을 가능성이 있다. 개인은 원하는 변화와 결과를 가져올 수 있는 자신의 능력에 대한 믿음이 있다. 성공에 대한 높은 기대감으로, 삶에 대한 긍정적인 관점을 가진 사람은 목표 달성을 위해 끊임없이 노력한다. 개인의 능력에 위협이 발생할 때, 보통 다른 사람이나 환경 조건을 비난하기보다는 자신의 행동에 책임을 진다.

이와는 대조적으로, 비관주의적 시각이 몸에 밴 사람은 종종 삶에서 불만과 불만족의 감정을 자주 느끼고, 미래에 대한 부정적인 기대를 한다. 도전과 요구 사항에 직면했을 때, 문제 중심의 활동에서 벗어나는 것이 일반적이다. 이 사람은 유리한 결과와 변화를 끌어낼 수 있는 자신의 능력에 대해 의구심과 불확실성을 경험한다. 성공에 대한 기대치가 낮은 가운데, 대개 목표 추구를 위해 최소한의 노력을 한다. 개인적 능력에 위협이 발생할 때, 행동에 대한 책임을 회피하고 다른 사람이나 환경 조건을 비난하는 것이 개인의 일반적인 패턴이다.

벤자민 프랭클린의 마음에 맞는 삶의 접근법은 활력, 친근감, 유머 감각, 사교성, 높은 수준의 낙관주의를 전달하는 삶의 방식이었으며, 이는 대인관계와 그의 폭넓은 저술에서 특별히 표현되었다. 미래에 대한 프랭클린의 호의적인 기대는 한 개인의 변화와 발전의 가능성에 대한 그의 믿음에 필수적이었다. 프랭클린의 관점에서, 개인이 자신을 개선하기 위해 노력하고 실수로부터 배울 가능성은 미래에 대한 희망을 준다. 프랭클린은 문제를 해결하고 삶의 도전에 대한 해결책을 찾기 위해 지속해서 노력을 기울이면 일반적으로 일이 잘 풀릴 것이라는 확신으로 인간사에 접근했다. 그러한 노력은 대개 실용적인 성격을 띠며 인간이 대처할 수 있는 능력 범위 내에 있다. 프랭클린은 『자서전』에서 행복에 관한 탐구에 대해, "인간의 행복이란 거의 일어나지 않는 행운의 거대한 조각들에 의해서가 아니라, 매일 일어나는 소소한 좋은 일에 의해 만들어진다."[26]라고 말한다. 프랭클린은 자신의 능력과, 변화를 시작하고 목적의식이 있는 목표를 추구하는 다른 사람들의 능력에 대한 강한 믿음이 있었다, 비록 사람이 정서적으로 위협을 받을 때 합리화하고 책임을 회피하는 경향이 있음을 프랭클린이 인식했지만, 그는 그러한 인간의 결점에 관대했다. 동시에 그는 더욱 만족스럽고 성취감 있는 삶을 살기 위해 어려움과 도전에 좀 더 직접적으로 맞서는 것의 중요성에 관해 말했다.

자기효능감

성격 특성으로서 자기효능감은 개인이 도전적 상황에서 일반적으로 성공을 기대하는 개인적 믿음과 관련이 있다.[27] 다른 사람의 피드백과 환경 경험을 통해, 개인은 자기효능감에 관한 인식을 지속해서 발전시킨다. 자기효능감의 수준이 높으면 스트레스가 많은 사건을 관리하거나 대처할 수 있다고 확신한다. 개인적으로 효능감이 있는 개인은 인지된 장애물을 인내하고 통제하려는 동기를 느낀다. 또한 긍정적인 자기효능감이 높을수록 인식이나 사고(思考)에 대한 규제와 통제를 증가시키고, 불안을 유발하는 상황에서 평정심을 유지할 가능성이 더 크다. 자기효능감의 수준이 높은 사람은 종종 스트레스를 줄이고 자신의 환경을 스트레스를 덜 받게 하는 목적의식이 있는 방법을 보여 준다. 대조적으로, 자기효능감의 수준이 낮은 사람은 스트레스가 많은 사건에 대처하거나 역경을 극복할 수 있는 능력이 아주 적다는 신념을 유지한다. 장애물은 종종 개인의 통제를 벗어난 것으로 인식되며, 철수하거나 포기하려는 욕구를 불러일으킨다. 효능감이 낮아지면 종종 사고(思考)에 대한 규제와 통제가 저하되고, 불안을 유발하는 상황에서 평정심을 유지할 수 없게 된다. 전형적으로 자기효능감이 낮은 사람은 또한 개인적인 스트레스를 줄이거나 자신의 환경을 좀 더 편안하게 만드는 전략을 찾지 못한다.

벤자민 프랭클린의 초기 회상에서, 그는 가족으로부터 터무니없는 가격으로 호루라기를 사는 어리석은 실수를 저질렀다는 피드백을 받았다. 비록 그 말들이 신랄했지만, 프랭클린은 방어적 태도를 보이지 않았고, 대신에 학습된 교훈으로 가슴에 새겼다. 프랭클린의 반응은 도전적 상황에 대응하고 심지어 이를 포용하는 능력에서 높은 수준의 자기효능감을 시사한다. 이런 점에서 프랭클린은 평생 다양한 일과 노력에서 자기효능감을 보여 주었다. 프랭클린은 자신의 개인적 신념을 계속 고수했고, 장애물을 극복할 수 있다는 자신의 능력에 자신감을 가졌다. 이러한 끈기의 수준은 프랭클린이 수년간 복잡한 과학 실험에 전념해 온 점에서 명백히 드러났으며, 내키지 않아 하는 참가자들로 하여금 시민 및 공공 개선 프로젝트에 그와 함께 참여하도록 촉구하고, 중앙 정부의 발전과 관련하여 어려운 자리의 책임을 맡고, 그리고 삶의 후반기에는 심각한 오랜 병약함과 싸우게 했다. 가족 내에서 프랭클린은 아들 프랜시스가 당시 몸이 좋지 않아서 천연두 예방접종을 하는 것을 망설였다. 프랭클린이 예방접종 노력을 공개적으로 지지했음에도 불구하고, 프랜시스는 곧 네 살의 나이에 천연두로 사망했다.[28] 프랭클린은 아들의 죽음으로 인한 슬픔으로 제정신이 아니었고, 수년 후에 프랜시스가 자신의 인생에서 얼마나 중요한 존재인지에 대해 그를 "눈에 넣어도 아프지 않을 만큼 가장 소중한 아이"[29]라고 언급했다. 프랭클린은 종종 자신의 삶에서 스트레스를 관리할 수 있는 능력을 보여 주었고, 자신의 환경과 다른 사람의 상태를 스트레스가 덜 받게 만드는 데 큰 진전을 이루었다. 냉난방, 피뢰침, 악기, 우편 서비스, 농업, 광학, 안전과 보안 조달 등에서의 혁신이 일상생활을 덜 힘들고 더 관리하기 쉽게 하는 데 이바지했다. 프랭클린의 글에 있는 결의와 격언은 자기 패배적인 인간 감정을 억제하고 이성적으로 사고하는 능력을 현명하게 사용하는 것이 중요하다고 강조했다. 프랭클린의 근면성과 열심히 일하는 능력의 수준은 지칠 줄 몰랐으며, 도전과 역경을 극복할 수 있다고 인식한 자신의 능력에 대한 믿음을 반영했다.

성실성

성격 특성으로서 성실성은 근면하고, 끈기 있고, 생산적이며, 책임감 있는 행동 등의 많은 요소를 아우른다.[30] 성실성의 수준이 높은 사람은 잘 정돈되어 있을 뿐만 아니라 일에 대해 계획적인 접근법을 따르는 경향이 있다. 만족을 지연시키고 목표 성취를 지속하는 능력은 일반적으로 관찰되는 성실성의 측면이다. 인내, 질서정연함 그리고 윤리적 행동은 성실성 패턴의 추가적인 특징이다. 대조적으로, 성실성의 수준이 낮은 사람은 나태하고, 비생산적이며, 무책임한 행동을 보이는 경향이 있다. 자제력이나 만족 지연이 아주 적고, 목표 달성을 향한 끈기가 부족한 것이 일반적인 경향이다. 성실성이 결핍할 때 나타나는 또 다른 특징은 어려움에 맞서 망설이거나 항복을 하는 것, 일상생활사에서 질서를 무시하는 것, 그리고 비윤리적으로 행동하는 것 등이다.

벤자민 프랭클린의 책임감과 생산적인 삶에 대한 책무는 강했다. 프랭클린은 『자서전』에서 "시간과 돈을 낭비하지 말고, 두 가지 모두를 최대한 잘 활용하라."[31]라고 썼다. 그의 한결같은 근면함은 높은 수준의 성실성을 표현하며, 계획적이고 잘 정돈된 삶의 방식에 의해 뒷받침되었다. 프랭클린은 만족감을 늦추고, 자신의 본성에 핵심적인 목표를 추구하고 성취를 지속할 수 있는 능력이 있었다. 예를 들어, 젊었을 때 그는 책을 사는 데 자주 쓰던 돈을 모으기 위해 채식주의자가 되었다.[32] 인내의 또 다른 예로, 인쇄소 견습

생으로서 프랭클린은 책을 빌려서 밤늦도록 읽고, 바로 다음 날 아침에 돌려주며 책을 볼 수 있었다. 프랭클린은 자신의 글에서 도덕적 삶을 살기 위해 노력하는 것의 중요성을 끊임없이 언급했다. 비록 그가 윤리적 원칙에 부응하는 데 있어 자신의 단점과 실패를 종종 인정하곤 했지만, 이것이 도덕적 맹세를 하려는 그의 결심을 제한하지는 않았다. 프랭클린은 『자서전』에서 자신과 다른 사람들이 질서정연하게 따를 수 있도록 근면함, 성실함과 같은 13가지 덕목을 제안했다.[33] 자신의 초기 회상에서의 이미지를 상기하면서, 프랭클린은 "다른 사람이나 자신에게 도움이 되는 것 말고는 돈을 쓰지 말라. 즉, 낭비하지 말라."[34]고 말함으로써 검소함을 도덕적 의무로 삼는다.

지각 양상

다섯 가지 감각은 세상에 관해 아는 방법을 제공하고, 삶에서 각 개인에게 고유한 인간의 재능이다. 한 사람이 어떻게 삶에 관여하고 감각 경험의 의미를 만들어 가는지에 대한 패턴을 이해하면 그의 성격 기능을 들여다볼 수 있다. 초기 어린 시절의 기억을 회상할 때, 개인의 이야기는 예외 없이 특정한 감각 표현을 드러낸다. 결국, 기억 속에서 강조된 각각의 감각은 그 사람을 공감적으로 이해하는 데 이바지한다. 대부분 사람에게 시각적 이미지는 초기 회상에서 지배적이다.[35] 다른 감각들의 표현은 훨씬 더 낮은 빈도로 일어난다. 기억 속에서 소리, 촉각, 냄새 또는 맛을 경험하는 많은 사람에게 이러한 상대적으로 드문 감각 표현들은 그들이 삶에서 지향하는 바가 되는 경향이 있다. 예를 들어, 초기 기억에서 촉각의 예를 보고하는 여성은 접촉에 대한 민감성을 경험하며, 친밀한 관계에서 빈번하게 접촉을 받고 싶어 하는 욕구를 표현한다. 그리고 그녀는 자신의 몸에 걸친 옷의 매끄러운 질감을 크게 의식한다. 다른 방향으로, 개인은 자신의 초기 회상에서 색, 위치 또는 장소, 또는 물질적인 대상을 언급할 수 있다. 사람이 이미지에서 두드러지고 뚜렷한 기억을 식별할 때, 그 지각은 개인의 삶에서 중요한 역할을 하고 삶에 영향을 미칠 가능성이 있다.

감각

대부분 사람에게 시각적 이미지를 떠올리지 않고 초기 회상을 묘사하는 것은 불가능하다. 기억을 회상할 때, 개인은 보통 어떤 유형의 활동에 참여하는 자신의 모습을 그린다. 대부분의 초기 기억은 조용하다. 소리가 발생할 때 그것은 종종 대화의 맥락에서 나타나거나 환경에서의 뚜렷한 소음이다. 촉각도 개인의 초기 회상에서 감각 표현으로서 드물고, 사람들 간의 상호 작용이나 특정 대상을 만짐으로써 가장 자주 표현된다. 냄새와 맛은 자연적인 또는 인공적인 물질을 냄새 맡거나 먹는 형태로 훨씬 낮은 빈도로 나타난다. 초기 회상의 해석 목적을 위해, 개인의 삶에서 감각 양상이 갖는 중요성을 이해하기 위해 다음 장에서 각각의 감각을 강조할 것이다.

벤자민 프랭클린의 초기 기억의 감각 양상에 관하여, 그는 명확한 시각적 이미지를 전하는 방식으로 기억을 묘사한다. 호루라기를 사서, 가족에게 자랑하고, 그런 다음 호루라기의 가치에 대한 나쁜 소식을 접하면서, 대부분 사람은 쉽게 일련의 사건들을 시각화할 수 있다. 그의 초기 회상에서처럼, 프랭클린의 일생에 걸쳐 시각적 감각이 두드러졌다. 그의 끊임없는 독서, 인쇄업자, 과학자, 발명가, 작가로서의 일 그리고 광범위한 여행은 모두 시각 능력이 필요했다. 청각도 프랭클린의 초기 기억에서 주목할 만하며, 삶의 다양한 측면에서 두드러진다. 프랭클린의 초기 회상에서 가족 구성원들은 그가 호루라기를 부는 것을 들은 후 그에게 호루라기의 미심쩍은 가치를 말로 전달한다. 프랭클린이 평생 노래를 부르고 작곡을 하고, 여러 악기를 연주하고, 심지어 아모니카라는 새로운 악기를 발명하는 등의 수많은 노력에서 청각은 그에게 중요했다.[36] 또한 프랭클린의 청각은 세상에 대한 지식을 습득하기 위해 전략적으로 다른 사람의 말에 귀를 기울이고, 각계각층의 사람을 공감할 수 있게 한다.

시각적 · 청각적 이미지 외에도, 프랭클린의 초기 기억은 또한 촉각을 포함하고 있다. 그는 돈을 주고 호루라기를 사서, 그 장난감을 손에 들고 입술에 갖다 댄다. 프랭클린은 인쇄업자로서 손으로 하는 노동을 통해 초기 명성을 쌓았다. 따라서 촉각은 그의 삶에서 중요한 양상이었다. 작가로서의 그의 솜씨, 음악 악기의 촉각을 이용한 과학 실험, 그리고 발명 설계 모두는 프랭클린의 촉각 민감성에 의존했다. 그의 초기 회상에서 후각과 미각은 이야기의 일부가 아니다. 이는 프랭클린이 그 양상들에 대한 능력이나 관심이 부족했다는 것을 의미하는 것은 아니다. 대신에 그것들은 프랭클린에게 삶이 어떠한 것인지 또는 무엇인지에 대해 근본적으로 알려주는 수준에 이르지는 못했다.

색

색을 시각화하고 경험하는 것은 삶에 풍부함과 아름다움을 크게 더해 준다. 색은 물체와 사건의 생생함을 향상하고 인류의 안전과 행복에 이바지한다. 색은 종종 기분을 환기하는 효과가 있고, 사람은 자연적 장소와 인공적 장소에서 색을 소중하게 생각한다. 초기 회상과 관련하여, 평균 6명 중의 1명이 그들의 기억에서 색의 존재를 자연스럽게 보고한다.[37] '빨간 의자' 또는 '녹색 잔디'와 같이 특정 대상을 식별하고, '따뜻한 태양' 또는 '빛이 방 안에서 희미해져 갔다'와 같이 색을 일반적으로 언급하는 것은 초기 기억에서 색을 표현하는 사람 사이에서 흔하다. '색 성향(color-minded)'으로 여겨질 수 있는 이러한 개인에게 색은 종종 일상생활에서 중요하거나 심지어 필수적인 역할을 한다. 개인은 환경에서 색에 각별한 주의를 기울이고, 높은 강도의 색을 경험하기를 갈망할 수 있다. 프랭클린은 자신의 초기 기억에서 색에 대해 언급하지 않는다. 대부분 사람과 마찬가지로, 이것은 그가 색에 대한 인식이나 감수성이 부족했다는 것을 의미하지는 않는다. 대신에 그에게 색의 조화는 삶에서 지향하는 바가 될 정도의 강도는 아니다. 인쇄업자이자 발명가로서 프랭클린은 장인의 솜씨를 따랐다. 그는 예술가의 기질이나 미적 감수성이 있는 것 같지는 않았다.

장소

삶에서 사건과 경험에 참여하는 것은 언제나 특정 위치나 장소에서 일어나며, 이러한 환경의 특성은 개인의 행복에 있어 중요하다. 많은 사람은 자신이 시간을 보내고 싶어 하는 특별한 장소를 묘사하거나 그릴 수 있다. 일부 개인에게는 이러한 설정이 집 안의 실내이고, 다른 개인에게는 호감이 가는 장소가 강이나 개울 근처의 자연환경이다. 어떤 사람들은 특정 장소에 대한 선호도가 반드시 높지 않을 수도 있고, 그곳에서 일어나는 일이 가장 중요해 보인다. 이러한 경우에는 상호작용할 사람이 있거나 특정 활동이나 일이 있는 것이 경험이 발생하는 장소보다 중요한 경우가 많다. 초기 회상과 관련하여, 그 환경에 대한 개인의 정서적 반응을 포함하여 보통 기억 속의 장소를 알아볼 수 있다. 장소가 어떤 초기 기억에서는 두드러지고 뚜렷하며, 다른 기억에서는 위치가 부차적이거나 부수적인 것처럼 보인다.[38] 환경이 연상을 불러일으키거나 눈에 띄는 기억을 가진 사람에게 그 장소는 희망을 주는 매력이 있거나 부정적인 반응을 불러일으킬 수 있다. 특정한 환경에 긍정적 감정이 있는 개인은 자신의 삶에서 장소 감각(sense of place)을 경험할 수 있고, 이러한 환경에 끌릴 수 있다. 이 특별한 환경은 종종 삶을 향상하고 정서적 행복감을 자극하는 매혹적인 특성이 있다. 대조적으로 초기 회상에서 특정한 장소에 부정적 감정이 있는 개인은 삶에서 유사한 유형의 환경과 마주칠 때 불편함을 경험하거나 피할 수 있다.

벤자민 프랭클린의 초기 회상에서, 그는 집에 도착할 때까지 새로운 호루라기를 불며 멋진 시간을 보내며 보스턴 거리를 거닐었다. 프랭클린은 자신의 기억 속에서 육체적으로 움직이며 이동했고, 이웃을 돌아다니면서 가장 큰 즐거움을 찾는 것처럼 보였다. 프랭클린의 장소와의 연관성은 어떤 특정 장소에 한정되거나 규정된 것처럼 보이지 않는다. 프랭클린의 삶에서 그는 어떤 장소와 정서적 유대가 거의 없는 것처럼 보였고, 다양한 장소를 방문하는 것을 기뻐했다.[39] 프랭클린은 종종 활기를 주는 사람들을 주위에 모으고 시간을 보낼 흥미로운 방법을 찾음으로써 호감이 가는 장소를 만들어 냈다. 프랭클린은 여행도 좋아했고, 여행을 자주 하며 식민지 전역과 외국에서 장기간 체류했다. 그는 평생 임대한 주택

에서 살았고, 노년에 필라델피아에 큰 벽돌집을 지을 때까지 집을 소유한 적이 없었다.[40]

대상

대부분 사람은 특별한 의미와 중요성을 지닌 좋아하는 소유물을 알아볼 수 있다. 가족 사진, 조부모가 한때 소유했던 단단한 나무 탁자, 또는 오래된 주머니 시계가 개인이 소중하게 아끼는 수많은 물건의 예이다. 다른 경우에 물질적 대상이 생명을 유지하고 보호하는 데 필수적인 기능을 한다. 다양하게 표현되는 모든 주거지, 다양한 교통수단, 생산성을 향상하는 기술적 장치가 인류에게 유익한 광범위한 대상에 해당한다. 초기 기억과 관련하여, 기억의 회상은 거의 항상 하나 또는 복수의 특정한 대상을 언급한다.[41] 일부 기억에서 실재(實在)하는 물리적 존재가 쉽게 분명히 드러나고, 그 대상은 심지어 기억의 의미에 중요할 수 있다. 예를 들어, 인형을 가지고 놀고 있는 어린 소녀의 초기 기억과 인형이 그 기억의 이야기의 중심인 점을 생각해 보라. 이 기억 속에서 인형은 예쁜 드레스와 신발로 뚜렷하고, 이것들은 아이에게서 강한 애정의 감정을 불러일으킨다. 다른 많은 초기 기억에서, 대상은 단지 기억 속에서 잠깐 언급될 뿐 오히려 배경에 가깝다. 초기 회상에서 중요한 역할을 하는 주목할 만한 대상이 있는 사람에게 그 대상은 그 개인의 삶에서 특별한 의미가 있을 가능성이 있다. 초기 기억에서 언급될 수 있는 셀 수 없이 많은 물리적인 대상 중에서, 어떤 대상은 연상을 불러일으키며 그 개인의 관심사 및 가치와 부합하기 때문에 회상되는 것처럼 보인다.

돈과 호루라기라는 두 개의 눈에 띄는 뚜렷한 대상이 초기 회상

에서 프랭클린에게서 강한 감정을 불러일으킨다. 프랭클린이 신이
나서 동전을 호루라기와 교환한 것은 사업상 좋지 않은 거래였다.
하지만 두 대상은 프랭클린에게 접근 수단이나 전달자 역할을 했
다. 그 돈으로 그는 호감이 가는 장난감을 살 수 있었고, 호루라기
는 즐거운 경험을 제공하며 그의 관심을 끌었다. 그의 초기 기억에
서와같이 특정한 대상이 그의 삶에서 뚜렷했지만, 프랭클린은 자
신의 기억에서 주로 자기 이익을 도모하는 것을 훨씬 뛰어넘는 창
의적인 방식으로 그 실재물(實在物)을 이용했다. 프랭클린은 과학
과 기술 분야에서의 실험 외에도 인쇄업자로서의 사업을 통해 계
속해서 대상과 물리적인 접촉을 했다. 식자(植字), 필기도구, 신문
과 책은 일생 프랭클린의 손에 익숙했다. 기민한 사업 거래와 자
금의 취득을 통해 프랭클린은 큰 포부로 많은 업적을 이룰 수 있
었다. 그의 유명한 연 실험, 피뢰침, 이중초점 안경, 프랭클린 난로
그리고 아모니카는 프랭클린에게 부와 명성을 가져다준 물리적인
품목들이다. 모든 대상은 프랭클린의 마음과 가까웠지만, 또한 인
류의 발전에도 지속적으로 이바지했다.

　초기 회상에서 프랭클린은 어린아이로서 세상 물정에 대한 지혜
가 부족했기 때문에 이용당한 고통스러운 교훈을 견뎌 냈다. 기억
에 남는 이 거래로 프랭클린은 지식과 경험에 관한 탐구를 추구할
수 있는 기반을 마련했고, 이는 자신과 타인을 계몽하고 그에게 역
사적인 찬사를 가져다주었다. 그의 생애 동안 프랭클린은 유용하
고 활기를 주는 표현 수단을 개발함으로써 자신의 잠재력을 극대
화하려는 의지를 보여 주었다. 프랭클린은 자신의 삶과 글에서 인
류와 조화를 이루며 자신의 능력과 자원을 실현하려는 노력이 더
욱 성취감 있는 삶에 이바지한다는 점을 분명히 했다.

chapter
06

큰 그림을 포착하기
핵심 주제와 초기 회상

> 우리가 어렸을 때 겪었던 수백만 가지의 모든 경험 중에서 우리는
> 삶에 대한 자신의 관점과 일치하는 것만을 기억한다.
>
> – Rudolph Dreikurs[1]

어린 시절의 기억 속에서 사람은 설득력 있는 이야기를 개인적
으로 구성한다. 이 이야기는 삶이 어떤 것인지 또는 무엇인지에 관
한 영향력 있는 안내자 역할을 한다. 개인의 초기 기억 속에 있는
짧은 이야기는 통합적이고 설득력 있는 메시지를 제공한다. 이 짧
은 이야기에서 핵심 주제 또는 중심 아이디어를 거의 항상 알아볼
수 있다. 벤자민 프랭클린의 초기 회상에서 그가 어리석게도 물건
을 구매하는 데 돈을 낭비했다는 것을 깨닫고 속상해할 때, 그의
개인적인 이야기는 주제의 초점으로 '학습된 교훈'의 중요성을 강
조한다. 비록 초기 회상에서 지배적인 주제가 개인마다 독특하지
만, 특정 주제는 초기 기억에서 상대적인 빈도로 나타나는 경향이

있다.[2] 예를 들어 자신의 능력을 보여 주고 다른 사람과 함께 어울리는 것을 즐기는 것과 관련된 주제 내용은 초기 회상에서 다소 흔하다. 상태나 결과가 호의적이지 않은 주제도 초기 기억에 어느 정도 일정하게 발생하며, 방치, 희생 및 거부와 같은 문제들을 포함한다. 게다가 한 사람이 다수의 초기 회상을 떠올릴 때 대부분 이러한 기억들의 주제 간에는 유사점이 있다. 성격의 전체적인 통일성이라는 원리를 바탕으로, 기억들의 주제의 초점은 대개 서로 모순되기보다는 오히려 보완적이다.

초기 회상에서 핵심 주제 파악하기

초기 회상의 중심 아이디어를 포착하는 것은 전체 기억의 의미에 커다란 영향을 미친다. 초기 기억의 주제는 기억 속의 사건 또는 기억에서 발생하는 것과 관련이 있다. 개인이 주제와 관련하여 지닌 감정이나 느낌도 기억의 주제 내용을 이해하는 데 영향을 미친다. 해석 과정에서 어떤 초기 회상은 핵심 주제를 파악하는 것이 즉시 분명하거나 명확하다. 예를 들어, 눈에 잘 띄는 주제를 가진 다음의 초기 기억을 생각해 보자. "저는 처음으로 종이에 제 이름을 인쇄한 것을 기억합니다. 저는 제 이름의 글자를 볼 수 있었습니다. 그리고 저 자신이 너무나 자랑스러웠습니다." 이 기억에서 주제의 초점은 개인적 성취와 성취감과 관련이 있다. 다른 경우에는, 핵심 주제를 인식하는 것이 어려우며, 대개 초기 회상의 함축된 의미를 파악하기 위해서 숙고하는 것이 필요하다. 예를 들어, 프랭클린의 초기 기억의 마지막에 그의 '속상하다'라는 감정 반응은 주제 메시지의 의미를 이해하는 데 매우 중요하다. 프랭클린의 기억은 분명히 상실감을 불러일으키지만, 또한 좀 더 잘해서 보상하려고 하는 결심도 불러일으킨다. 프랭클린에 대한 이러한 인상은 학습된 교훈이라는 주제를 떠올리게 한다.

공감과 초기 회상의 주제 분석

초기 회상의 이야기를 듣거나 읽을 때 공감하는 자세를 유지하면 기억에 대해 더 많이 이해할 수 있다. 동일시, 상상력, 직관력을 포함한 공감의 핵심적인 요소들을 통해 개인은 잠시 누군가 다른 사람이 되는 것이 어떤 것인지 대리 경험을 할 수 있다.[3] 비록 개인의 초기 회상은 감정의 강렬함과 구체적인 상황에 있어 크게 다르지만, 종종 그 기억에 주의를 기울이고 있는 사람에게 순간적으로 동일시의 감각을 불러일으키기에는 충분한 공통점이 있다. 또한 한 개인의 상상력은 적어도 다른 사람의 기억 속에 있는 감정 및 이미지와 어느 정도 비슷한 것을 자극할 수 있다. 초기 기억을 공감적으로 이해하는 데 이바지하는 또 다른 인간의 자질은 직관력이다. 직관적인 반응은 초기 기억의 이야기를 처리할 때 즉시 떠오르는 통찰력과 직감을 포함한다. 마지막으로, 개인이 초기 기억을 연상시키는 것에 반응할 때, 종종 내장 감각[내장에 분포하는 지각(知覺) 신경이 일으키는 감각을 말함─역자 주]이나 신체적 반응을 경험할 수 있다. 다음 초기 회상의 예에서, 공감의 핵심적 요소들이 주제의 초점을 포함하여 개인의 기억에 관한 이해를 증진한다.

조지의 초기 회상

> **66**
>
> 저는 네다섯 살이었고, 학교에 가기 전에 부엌 식탁에서 아침으로 오트밀을 먹고 있었습니다. 갑자기 오트밀 그릇이 내 무릎 위와 바닥으로 떨어졌습니다. 아버지는 나에게 소리치기 시작했고, 걸레를 던지며 내가 바닥에 어지른 것들을 치우라고 했습니다. 나는 오트밀과 깨진 그릇을 치우기 위해 손과 무릎을 바닥에 대고 엎드렸습니다. 그리고 아버지는 계속 나에게 소리를 질렀습니다. 그런 다음 아버지는 발로 걸레를 밀어 바닥을 닦기 시작했습니다. 나는 내가 한 일에 대해 무척 바보 같은 기분이 들었습니다.
>
> **99**

인생에서 실수하는 것은 흔하고 보편적인 인간 경험이다. 조지가 우연히 오트밀을 엎질렀을 때 대부분의 개인은 어려움 없이 그와 동일시하는 감정이 일어난다. 조지가 오트밀을 엎지르고 네발로 기는 시각적인 모습은 상상 속에 쉽게 떠오른다. 조지의 아버지가 조지 옆에서 지켜보며 고함을 지르는 모습이 눈에 띄는 장면이다. 조지의 아버지가 지나치게 가혹하고 조지가 책망을 지나치게 많이 마음에 담고 있다는 직관적 반응 또는 '직감'을 경험하는 것도 있음직한 개인적인 반응이다. 어쨌든 조지는 어린 소년이고, 사건은 발생한다. 어떤 사람에게는 조지의 초기 회상 이야기를 읽거나 들을 때, 그의 기억이 위나 가슴에 약간의 긴장을 유발할 수도 있다.

초기 기억에서 개인의 핵심 주제를 파악하려고 할 때 공감은 필수적이다. 조지의 초기 회상에서 기억의 중요한 초점은 체벌을 가하는 것과 관련이 있다. 하지만 아버지의 행위에 대한 조지의 정서적인 반응도 기억의 주요한 주제를 파악하는 데 필수적이다. 처벌을 받는 사람으로서, 조지는 죄책감을 느끼고 자존감의 상실로 반응한다. 비록 대부분 사람이 조지가 아버지가 했던 정도의 언어적 학대를 받는 것이 마땅하지 않다는 점에 동의할 것 같지만, 이 견해는 조지의 즉각적인 반응을 반영하는 것은 아니다. 조지의 초기 회상의 주제를 공감적으로 이해한다는 것은 그가 질책하는 메시지를 받아들일 때 그의 내부 참조 체계나 개인적 관점 내에 머물러 있는 것을 의미한다. 이런 점에서 핵심 주제로 조지는 자신이 어리석고 용서받지 못할 실수를 저질렀으며 벌을 받아 마땅하다고 인지한다.

초기 회상에서의 후속 질문

초기 기억의 의미를 이해하고 핵심 주제를 파악하기 위해 공감하는 것의 중요성 외에도, 주제의 초점을 명확히 하는 데 특정한 후속 질문들이 중요하다.[4] 이런 점에서 개인이 초기 기억을 이야기한 후에 즉시 "기억에서 당신이 회상할 수 있는 또 다른 것이 있습니까?"라고 질문하라. 이 질문은 종종 그 기억과 관련된 추가적인 정보와 세부 사항을 끌어낸다. 하지만 "기억에서 당신은 어떤 부분을 가장 잘 기억하십니까?"라는 그다음 질문은 주제나 기억의 가장 생생한 부분을 정확히 포착하기 위해 중요하다. 또 다른 필수 불가결한 후속 질문은 "그때 당신은 기분이 어떠셨습니까?" 또는 "그때 당신은 어떤 감정이 드셨다고 기억하십니까?"이다. 이러한 질문은 종종 그 기억의 주제 내용에 관한 사람의 정서적 반응을 드러낸다. 마지막 두 개의 후속 질문에서 흥미로운 면은 이 질문들에 응답하는 개인은 부지불식간에 자신의 기억에 담긴 주제 메시지를 알아본다는 점이다.

초기 회상과 주제 분석

20대 중반의 일란성 세쌍둥이인 사만다, 제나, 크리스타는 그들의 초기 회상을 나와 각각 별도로 나누었다. 흥미롭게도, 자매들은 자신의 초기 기억을 서로 논의하지 않았지만, 그들의 기억의 핵심 주제와 정서적 반응에는 공통점이 있다. 게다가 세쌍둥이들은 심지어 다른 자매들을 '여자애들'이라고 지칭하는 것처럼 그들의 초기 기억에서 유사한 용어를 사용한다.

사만다의 초기 회상

> **"**
>
> 저는 유모차를 타고 거실에 있었고, 여자애들도 자기 유모차에 있었습니다. 우리는 모두 서로 부딪치고 있었습니다. 우리 조부모님이 거기 있었습니다. TV에서 〈제오파디(Jeopardy)〉 프로그램이 방영되고 있었습니다.
>
> **"**

"기억에서 당신이 회상할 수 있는 또 다른 것이 있습니까?" ('상세 내용'으로 표시)

상세 내용: "조부모님이 매일 밤 방문했다."

"기억에서 당신은 어떤 부분을 가장 잘 기억하십니까?" ('생생한'으로 표시)

생생한: "조부모님과 텔레비전."

"그때 당신은 기분이 어떠셨습니까?" 또는 "그때 당신은 어떤 감정이 드셨다고 기억하십니까?" ("감정"으로 표시)

감정: "아마도 저는 행복했고 편안했다."

사만다의 초기 회상의 핵심 주제는 마음 편히 적극적으로 사건을 경험하는 것을 강조한다.

제나의 초기 회상

> **"**
>
> 저는 높은 의자 또는 유모차에 앉아 있던 아마도 세 살 때라고 기억합니다. 음악이 있었습니다. 부모님은 거기 있었고, 여자애들도 물론 있었습니다.
>
> **"**

상세 내용: "엄마가 나한테 마루에 있는 12팩 소다에 흥미를 갖지 말라고 말했다."

생생한: "소다에 흥미를 느낀 것."

감정: "행복하고, 활기찼다."

사만다의 기억과 비슷하게, 제나의 초기 회상의 핵심 주제는 약간의 짓궂은 장난기와 함께 편안하고 활기차게 경험을 즐기는 것에 초점을 맞추고 있다. 제나의 초기 기억에서 두드러진 것은 음악과 관련된 청각적 표현과 어머니의 경고이다.

크리스타의 초기 회상

"

기억하기가 우스꽝스럽습니다. 여자애들과 증조할머니와 사진을
찍으려고 밖에 나갔습니다. 우리는 두세 살이었습니다.

"

상세 내용: "우리 사촌들도 거기 있었다."

생생한: "나이가 드셨기에 증조할머니."

감정: "내 생각에 행복했다."

다른 두 자매처럼 크리스타의 초기 회상의 주제는 유쾌하고 상
당히 태평스러운 사회적 경험을 즐기는 것과 관련이 있다. 다른 자
매들과는 달리 크리스타의 기억은 야외 환경에서 일어나고 있다.

주관적 관점과 초기 회상에서의 핵심 주제

초기 회상의 핵심 주제는 일반적으로 주관적 관점에서 기억에
남을 만한 사건이나 경험에 대해 개인이 평가한 느낌을 전달한다.
기억을 말하는 개인의 관점에서 초기 기억의 주제 내용을 공감적
으로 이해하려고 하는 것은 정확한 해석을 위해 필수적이다. 동시
에 개인의 주제 관점은 객관적 의미나 현실적 측면에서 정확하지
않을 수 있다. 예를 들어, 앤드류의 초기 회상은 그가 사람들이 자
신에게 무관심하고 삶에서 무시당하고 있다는 핵심 주제를 지니

고 있음을 보여 준다. 많은 사람이 앤드류를 보살피고 염려하는 환
경 조건임에도 불구하고, 그는 계속해서 위축되고 자신이 중요하
지 않다고 느낀다. 앤드류나 초기 회상의 핵심 메시지를 전달하는
모든 사람의 경우에, 파악해야 할 가장 중요한 것은 그들의 주관적
관점이다. 이러한 주관적 생각이 인생의 짧은 이야기를 구성하는
데 있어서 한 개인의 현실을 나타낸다.

진정으로 나다운 나 되기
성격 특성과 초기 회상

> 누군가의 기억이 아무리 하찮게 보일지라도, 기억은 내면의 자아
> 와 자기 자신을 가장 진정한 자아로 나타내는 순간에 해당한다고 나
> 는 생각한다.
>
> — Agatha Christie[1]

　인간의 성격을 묘사하려는 시도는 도전적일 수 있으며, 일반적
으로 개인의 두드러지고 독특한 특성을 확인하는 것을 수반한다.
'외향적인' '열정적인' '진지한' 같은 일상적으로 관찰한 것을 활용
하면 종종 개인이 행동하는 성향을 포착할 수 있다. 그러한 익숙한
표현 이외에, 다양한 성격 특성들이 개인의 개성을 파악하는 좀 더
형식적이거나 정확한 방법을 제시한다. 긴 심리학 용어 목록에 나
오는 특정한 특성들이 초기 회상의 이야기 속에 나타나며, 이 이야
기가 행동 패턴을 정의하는 데 이바지한다. 이런 점에서 활동 정
도, 사회적 관심, 낙관주의와 비관주의, 자기효능감, 성실성이라는

특성들은 성격 연구와 초기 회상에 관한 문헌에서 광범위한 연구의 초점으로 나타난다. 사람들 간의 상호 작용에서 이러한 특성들을 관찰할 수 있으며, 행동적 용어로 기술할 수 있다. 비록 그 특성들이 오래 지속하는 성격 특징을 나타내지만, 그 특성들은 또한 변화하고 더 발달할 수 있다. 개인이 성격 기능에서 비생산적이거나 역기능적인 측면을 인식하고 변화를 모색하고자 하는 결단은 건설적 방향으로 성장 잠재력을 촉진한다.

초기 회상에서 성격 특성의 의미

'기억의 새벽 모델'을 사용할 때, 성격 특성에 대한 해석은 초기 회상의 핵심 주제에 대한 분석 후에 즉시 이어진다. 기억의 중심 아이디어나 주제는 성격 경향의 의미에 영향을 미친다. 그러므로 주제 영역과 성격 영역의 통합은 초기 기억을 정확하게 해석하기 위해 필수적이다. 각 성격 특성의 심리적 함의를 소개하고 주제 내용을 언급한 후에, 그 특성들의 상대적인 강도는 개인의 다양한 기억의 예로부터 결정될 것이다.

활동 정도

심리적 함의

알프레드 아들러의 관점에서, 정서적으로 건강한 활동 정도에는 사회적 관심을 표현함으로써 나타나는 인류와의 친밀감과 더불어, 삶의 경험에서 보이는 진취성과 참여 패턴이 포함된다.[2] 적극적인 성향은 다른 살아있는 존재와 조화를 이루는 목적의식이 있고 건설적인 일을 찾는 것과 관련이 있다. 대조적으로, 아들러는 부적응적 경향을 보이는 활동 정도와 사회적 관심의 수준이 낮은 개인을 언급했다. 그러한 사람은 전형적으로 공동체 지향적인 노력에서 벗어나, 수동적이거나 철수되어 있다. 일반적으로 이러한 개인은 삶에서 적극적으로 참여하는 방식에 무관심하거나 그럴 능력이 없다고 느낀다. 또한 아들러는 일정 비율의 개인은 높은 활동 정도를 보이지만, 사회적 관심이 부족하다고 생각했다. 이런 경우에 사람은 자기중심적인 목표를 적극적으로 추구하며, 이는 다른 사람에게 피해를 줄 수 있다. 아주 심각한 경우에 범죄자와 강력범이 이런 부류에 속한다. 개인이 역기능 패턴을 통찰하고 변화하려고 노력하지 않는 한, 어린 시절에 습득한 활동 정도는 일생 비교적 안정적이라고 아들러는 생각했다.[3]

아들러 이후의 연구자들은 인간 경험의 적극적/수동적 특성을 고려했다. 『적극성/소극성: 결정적인 심리적 특성(Active/Passive: The Crucial Psychological Dimension)』의 저자인 에리카 프리드(Erika Fried)는 사람이 살아가면서 자신의 기량과 능력을 발휘할 때 활동은 필수적이라고 생각했다.[4] 삶에서 수많은 다른 생산적인 측면과 더불어, 교육 경험, 사회적 접촉, 레크리에이션 및 건강 활동에 적극적으로 참여하는 것은 개인에게 활력과 긍정적인 감정을 불어넣어 준다. 또한 목적의식이 있는 활동과 건설적인 일에 참여하는 패턴은 수명 및 삶의 만족도와 관련이 있다.[5]

개인의 초기 회상에서 상대적인 활동 정도가 종종 감지된다.[6] 다음의 초기 기억의 다양한 예들을 고려해 보면, 활동 정도를 명확히 하는 데 도움이 된다. 후속 질문들과 간략한 분석이 핵심 주제와

각 초기 기억을 이야기하는 사람의 활동 정도를 이해하는 데 도움을 준다.

일레인의 초기 회상

> **“**
>
> 저는 우리가 사는 곳에서 멀리 떨어진 할머니 댁에 가족과 함께 간 것을 기억합니다. 나나는 위층의 뒷방에 큰 상자를 보관하고 있었고, 그녀는 저와 제 여동생이 그 안을 잠시 들여다볼 수 있게 해 주었습니다. 나나는 그 상자 안에 있는 예쁜 옷을 우리가 입도록 도와주었고, 드레스들은 정말 컸습니다.
>
> **”**

“기억에서 당신이 회상할 수 있는 또 다른 것이 있습니까?”

세부 사항: “드레스가 대부분 흰색이었다.”

“기억에서 당신은 어떤 부분을 가장 잘 기억하십니까?”

생생한: “상자를 열고 안을 바라본 것.”

“그때 당신은 기분이 어떠셨습니까?” 또는 “그때 당신은 어떤 감정이 드셨다고 기억하십니까?”

감정: “상자에 들어 있는 것을 찾는 것에 흥분했다.”

일레인의 초기 회상의 주제는 긍정적 어조를 전하며, 새로운 것을 배우는 것에 대한 호기심과 흥분을 시사한다. 그녀가 행동을 개시하고 여동생과 할머니와 협력하여 매력적인 일에 참여하기에 그녀의 활동 정도는 높다.

로사의 초기 회상

> **"**
>
> 저는 현관문 근처에 있는 창문 밖을 내다보고 있었습니다. 한 가족이 길 건너로 이사 오고 있었고, 그들 집 앞에 큰 트럭이 주차되어 있었습니다. 저는 혹시 이사 오는 아이가 있는지 알아보기 위해 건너가서 볼까 생각해 봤으나, 가지 않기로 했습니다.
>
> **"**

세부 사항: "트럭이 정말로 컸다."

생생한: "트럭을 보고 누가 이사 오는지 생각한 것."

감정: "건너가 보는 것에 대한 두려움."

로사의 초기 회상에서의 주제는 주저하고 불안해하는 어조와 기회를 놓치고 있다는 느낌을 전하고 있다. 로사가 활동을 개시하는 것에 대한 확신이 없으므로 그녀의 활동 정도는 낮다.

사회적 관심

심리적 함의

사회적 관심은 알프레드 아들러가 삶의 중요한 구성 요소라고 생각한 또 다른 성격 특성이며, 개인은 삶에서 목적의식이 있고 건설적 방식으로 다른 사람과 관계를 맺으려 노력한다.[7] 사회적 관심은 개인이 다른 사람들과 정서적으로 동일시하는 것을 포함하며, 이 동일시는 협력하고 이바지하고자 노력하는 모습으로 나타난다. 공감은 사회적 관심의 본질적인 측면으로 인류와의 친밀감과 공동체에 속하고자 하는 욕구와 관련이 있다.[8] 아들러는 높은 수준의 사회적 관심과 높은 활동 정도를 겸비한 사회적으로 유용한 (socially useful) 유형의 사람을 언급했다.[9] 아들러는 또한 사회적 관심의 수준이 낮은 사람은 일반적으로 다른 사람으로부터 소외감을 느끼고 자기 자신에 대한 집착을 견지한다고 하였다.

건설적 활동에 다른 사람과 함께 참여함으로써 개인은 자신을 초월하고 집단적 지지 의식과 개인적인 확신을 얻을 수 있다. 개인이 공동체 내에서 적극적으로 사회적 공헌을 하면, 자신의 욕구와 선입견을 넘어서 더 큰 목적으로 노력하게 됨으로써 삶의 의미를 증진한다. 이러한 점에서, 연구에 따르면, 다른 사람에게 관심을 보이거나 그들을 돕는 기회에 참여하는 광범위한 사회망(social networks)을 가진 개인이 더 오래 살고, 삶에서 더 많은 만족감과 성취감을 경험하는 경향이 있다.[10] 아들러는 사회적 관심이 어린 시절에 습득되고, 사람의 일생 동안 비교적 안정적이라고 주장했다.[11] 동시에 아들러는 건설적 방향으로 변화하고자 하는 약속이 동반될 때, 인생관에 대해 통찰력이 사회적 관심의 발달을 촉진할 수 있다는 것을 인식했다.

사만다의 초기 회상

"

우리는 새집을 짓고 있었고, 아빠와 직장 동료 몇 분과 삼촌들이 모두 그곳에서 아빠가 일하는 것을 도와주고 있었습니다. 저는 놀이옷에 주머니를 만들기 위해 그것을 손에 들고 걸어 다니고 있었습니다. 저는 제가 만든 주머니에 못을 담고, 아빠와 삼촌들이 사용할 수 있도록 나르고 있었습니다. 저는 제가 정말로 큰 도움을 주고 있는 것 같은 느낌을 기억합니다.

"

세부 사항: "아니, 별로. 나는 아마도 네 살 정도였다."

생생한: "아빠를 도와준 것."

감정: "나는 내가 정말 훌륭한 도우미가 된 것처럼 느꼈기 때문에 정말 행복 하다고 느낀 것을 기억한다."

사만다의 초기 회상에서 이바지한다는 주제는 사회적 관심의 성격 특성과 양립할 수 있다. 그녀는 높은 수준의 사회적 관심을 보여 주는 자신의 돕는 역할에 만족하고 있다.

피터의 초기 회상

"

제가 2학년이었다고 생각합니다. 그 녀석이 겁쟁이였기 때문에 제가 정말로 싫어했는데, 그 아이를 때려 주려고 쉬는 시간에 운동장에서 기다리고 있었습니다. 그 아이가 학교 문밖으로 나왔을 때, 그는 저를 보고 뛰기 시작했습니다. 저는 걔를 따라가 잡아서 눈 속으로 밀어 넣었습니다. 그런 다음 저는 걔의 얼굴을 때렸습니다. 걔가 아기처럼 우는 것을 보니 기분이 좋았습니다.

"

세부 사항: "나는 달리면서 발을 다쳤지만, 괜찮았다."

생생한: "걔를 때린 것."

감정: "신났다."

다른 사람을 부당하게 괴롭히면서 즐거워하기에 공격성은 피터의 초기 회상에서 주제와 관련된다. 피터의 적대적 행동과 공감 및 죄책감의 결여는 사회적 관심의 수준이 낮다는 것을 나타낸다.

낙관주의/비관주의

심리적 함의

성격 특성으로서 낙관주의는 좋은 일이 일어날 가능성에 대한 개인의 기대와 삶에 대한 긍정적 전망을 유지하는 것과 관련이 있다.[12] 비관주의는 좋지 않은 일들이 일어나는 경향이 있다는 기대와 삶에 대한 부정적인 전망과 관련이 있다. 낙관적인 사람은 성공을 기대하면서, 대개 일을 끈기 있게 계속하고 도전적인 상황과 역경에 적응한다. 낙관적 전망을 지닌 사람은 일반적으로 적극적인 문제 해결 전략을 추구하며, 좌절과 어려움에서 상대적으로 빠르게 회복한다.[13] 낙관적인 사람은 보통 비관주의자와 비교하여 불안이나 절망에 대한 주관적 이유를 덜 인식한다.[14] 결과적으로 낙관주의는 삶에 대한 만족 및 수명의 예측 변수이다. 대조적으로, 비관적인 개인은 종종 성공에 대한 기대치가 낮고 도전적인 상황과 역경으로부터 철수하거나 회피한다. 비관적 관점을 가진 사람은 스트레스에 직면하여 수동적으로 대처하며, 역경에 적응하거나 헤쳐나가기 위해 최소한의 노력만을 기울이는 경향이 있다. 정서

적 장애의 측면에서, 비관적 경향은 우울증 및 불안과 관련된 만성적 각성과 관련이 있다.[15]

패트릭의 초기 회상

66

저는 약 네 살이었고 어머니와 아버지와 함께 우리 집 뒤편 정원에서 놀고 있었습니다. 따뜻하고 날씨 좋은 날 늦은 오후였습니다. 아버지는 삽을 들고 정원에서 일하고 있었고, 어머니는 담요 위에 앉아 계셨습니다. 저는 정말 예쁜 미나리아제비가 들판 가장자리에서 자라는 것을 보았습니다. 저는 미나리아제비 한 송이를 뽑아서 어머니에게 주려고 달려갔습니다. 제가 그것을 어머니에게 주었을 때 어머니는 매우 행복해했습니다.

99

상세 내용: "미나리아재비는 밝은 노란색이었다."

생생한: "어머니에게 미나리아재비를 주기 위해 가능한 한 빨리 뛴 것."

감정: "흥분과 행복."

주제상으로, 패트릭의 초기 기억은 자신의 배려하는 행동의 결과로 즐거운 일이 일어날 거라는 기대를 보여 준다. 기억이 풍기는 목가적 어조와 함께 패트릭이 어머니의 행복감을 인식한 것은 그가 높은 수준의 낙관론을 지녔음을 시사한다. 패트릭은 또한 그의 초기 기억에서 높은 활동 정도와 강한 사회적 관심을 보여 준다.

제레미의 초기 회상

> **"**
>
> 제 생일이었고 단지 몇몇 아이들만 생일파티에 왔다는 것을 저는
> 기억합니다. 우리는 당나귀 꼬리 달기[그림 맞추기 놀이의 일종—역
> 자 주] 놀이를 시작했으나 저는 재미가 없어서 그만두었습니다. 저는
> 약간의 선물을 받았으나 제가 원했던 것이 아니었습니다. 한 선물은
> 상당히 멍청하게 생긴 나무 팽이였습니다.
>
> **"**

상세 내용: "케이크에는 어릿광대가 그려져 있었다."

생생한: "선물들을 열고 그것들을 바라본 것."

감정: "나는 실망했고, 긴장감이 들었다."

주제상으로, 초기 회상은 즐겁고 특별해야 하지만 실망스러운
사건을 묘사한다. 제레미의 기억에 담긴 감정적 어조는 암울하고
낙담하며, 삶에 대한 비관적인 전망을 시사한다.

자기효능감

심리적 함의

자기효능감은 힘든 상황을 감당하고 장애물 극복에 성공할 것이
라는 기대와 관련이 있다. 자기효능감의 수준이 높은 사람은 대개
자신이 어려운 과제를 성취할 수 있고 도전에 성공적으로 대응할
수 있다고 믿는다.[16] 스탠퍼드 대학교의 심리학 교수인 알버트 밴
듀라(Albert Bandura)가 원래 1977년에 자기효능감(self-efficacy)이

라는 용어를 만들었다. 그리고 오늘날 건전한 행동, 학업적 성취, 커리어 성공, 그리고 수많은 다양한 인간의 활동을 촉진하는 데 있어 자기효능감의 중요성을 뒷받침하는 방대한 문헌이 있다.[17] 이러한 노력에서, 자기효능감의 수준이 높은 사람은 더 높은 성취 목표를 설정하고, 도전에 맞서고, 긍정적 결과를 가져오기 위해 인내하는 경향이 있다. 밴듀라는 자기효능감이 높은 개인은 자신의 인지나 사고방식을 더욱 잘 통제할 수 있고, 대부분은 불안감을 유발하는 상황에서 자신을 진정시킬 수 있다고 말했다.[18] 자기효능감이 떨어지는 사람은 어려운 상황에서 성공적으로 대처할 수 있다고 느낄 가능성이 더 작다. 낮은 자기효능감과 스트레스, 불안, 우울증과의 연관성은 많은 연구를 통해 입증되었다.[19] 밴듀라는 개인이 무언가 도전적인 것을 할 수 있는 자신의 능력이 감소했다는 뿌리 깊은 믿음을 바꿀 수 있다고 믿었고, 이러한 시도는 단지 개인이 그 일을 수행하도록 힘을 북돋우어 주는 것 이상으로 더 크고 더 지속적으로 영향을 미친다.[20]

킨드라의 초기 회상

"

저는 다섯 살쯤이었고, 제 남자 형제들과 이웃집 소년 두 명과 함께 이웃집 뒷마당에 있었다고 생각합니다. 우리는 모두 스윙 세트[그네와 미끄럼틀 등으로 이루어진 놀이 기구—역자 주]를 타고 놀고 있었습니다. 남자애들이 저에게 위로 점프해서 맨 위의 봉에 높이 매달려 있는 고리를 잡으라고 했습니다. 저는 시도했습니다. 저는 고리 중에 하나를 잡았으나 두 번째 것을 잡지 못했습니다. 저는 땅에 떨어졌고, 손목으로 착지를 해서 다쳤습니다. 저는 엄마에게 떨어져서 손목을 다쳤다고 말하려고 집으로 달려갔습니다. 남자애들은 이 일이 일어났을 때는 웃었으나 제가 정말 다쳤을까 봐 걱정했습니다.

99

세부 사항: "나는 병원에 있었지만 이를 극도로 두려워하거나 울지 않았던 것이 기억난다. 나는 떨어진 순간과 마침내 저녁 늦게 통증으로 울었던 것을 기억한다."

생생한: "정말로 뛰어서 고리를 움켜쥐기를 원했고, 성공하기를 원했다. 나는 그 도전에 잘 대처하고 싶었다."

감정: "약간의 불안감을 느꼈지만, 또한 도전에 열심히 대처하고자 함을 느낀 것."

초기 회상의 주제는 도전적 상황에서 성공하겠다는 결심을 시사한다. 상황을 관리하고 장애물을 극복하는 자신의 능력에 대한 킨드라의 믿음은 그녀의 자기효능감이 높은 수준임을 보여 준다.

에스더의 초기 회상

66

우리는 뒤뜰에 닭을 기르고 있었고, 한번은 제가 닭 모이를 줘야 했습니다. 밖은 추웠습니다. 저는 닭장 문을 밀려고 했지만, 문을 열기가 너무 어려웠습니다. 저는 어떻게 해야 할지 몰랐습니다. 그래서 나는 닭 모이를 큰 나무 뒤에 던지고 뒤돌아 집으로 달려왔습니다.

99

세부 사항: "땅 위에 눈이 내렸고, 닭장은 오래된 판잣집처럼 보였다."

생생한: "나무 뒤에 닭 모이를 던진 것."

감정: "잡힐까 봐 두려웠으나, 따뜻한 집으로 돌아갈 수 있어 안심했다."

주제상으로, 초기 회상은 도전적 과제를 성공적으로 타결하고 완성하는 데 실패한 것과 관련이 있다. 에스더가 자신이 대처하지 못할 것이라고 지각하고, 이와 동시에 느끼는 불안감은 자기효능감의 수준이 낮음을 시사한다.

성실성

심리적 함의

성격 특성으로서 성실성은 신뢰성, 예의 바름, 인내심, 근면, 충동 조절 등 다양한 요소들을 포함한다.[21] 일반적으로 성실성의 수준이 높은 사람은 목표 지향적이고, 자기 수양이 되어 있고, 자기 스스로 목표를 찾으며 성취할 수 있다.[22] 성격 이론에서 성실성은 인간 행동의 기본적인 특성으로 분류되는 '5요인(Big Five)' 중 하나이다.[23] 연구 문헌에 따르면, 성실성은 웰빙(well-being), 건강 증진, 직업적 성공(career success) 및 수명과 관련이 있다.[24] 또한 인생에서 초기 성인기에서 후기 성인기까지 동안 성실성의 영역이 증가하는 경향이 있다는 근거가 있다.[25] 개인이 가족 관계와 일에 정서적으로 투자함에 따라, 사회 제도에 대한 이러한 헌신은 종종 성실성 수준을 향상한다. 성실성 수준이 낮은 사람은 신뢰할 수 없고, 체계적이지 않고, 목적이 없고, 충동적인 경향이 있다.[26] 비록 성실성이 뿌리 깊은 행동 경향에 해당하지만, 변화하려고 하는 결심과 새로운 행동 패턴을 형성하려는 지속적인 노력으로 개인은 그 특성을 서서히 함양할 수 있다.

빈센트의 초기 회상

66

저는 해변 모래밭에서 남동생과 놀고 있었습니다. 우리는 성을 만들고 있었습니다. 저는 책임지고 성벽 가운데에 몇 개의 벽과 해자를 짓기로 했습니다. 제 꼬마 동생은 별로 도움이 되지 않아서, 저는 동생에게 해자에 넣을 물을 떠 오라고 작은 물통을 주었습니다. 우리가 해자에 물을 넣을 때 모래는 계속 무너졌습니다. 그래서 우리는 벽을 더욱 더 크게 지었습니다.

99

세부 사항: "나는 부모님이 우리와 함께 있었던 것을 알았지만, 그들은 기억 속에 있지 않았다."
생생한: "마침내 물이 해자에 머무는 것을 본 것."
감정: "우리가 하기에 어려운 일이었기에 기분이 좋았다."

빈센트의 초기 회상의 주제는 도전적 과제를 수행하고 그 일을 제대로 완수하려는 결심을 시사한다. 빈센트의 기억에 담긴 정서적 어조는 자신의 노력에 대한 자부심과 높은 수준의 성실성을 전하고 있다.

제이콥의 초기 회상

66

저는 2학년이었고, 문제가 생겨서 쉬는 시간 동안 안에 있어야만 했습니다. 어떤 노부인이 나를 지켜보고 있었고 그녀에게 저는 화장실에 가야 한다고 말했습니다. 남자 화장실에 가는 길에 저는 교실 안을 들여다봤습니다. 교실이 비어 있어서 저는 둘러보러 안으로 들어갔습니다. 저는 책상에서 색연필 몇 개를 집었고, 그런 후 선생님 책상으로 갔습니다. 저는 거기 어딘가에 돈이 좀 있을 것으로 생각했지만, 그때 책상 위에서 시계를 봤습니다. 저는 그것을 호주머니에 쑤셔 넣고 재빨리 교실을 떠났습니다.

99

세부 사항: "시계가 은이었다."

생생한: "시계를 본 것."

감정: "흥분됐고, 시계를 갖고 싶었다."

초기 회상의 주제는 다른 사람을 기만하는 것과 관련이 있다. 제이콥이 책임감 및 충동 조절이 부족한 점은 성실성의 수준이 낮음을 시사한다.

성격 특성의 평가와 발달

초기 어린 시절의 기억을 활용함으로써 개인의 성격 특성과 삶의 방식의 다른 측면들을 평가할 수 있다. 초기 회상이 성격 평가 도구로 사용될 때, 이것은 개인의 특징적인 강점과 성장과 발전으로 향한 길을 열어 주는 다른 자질들을 엿볼 수 있게 해 준다. 성격 기능의 질적인 수준을 인식함으로써, 개인은 자신의 능력과 잠재력을 함양하는 데 더 유리한 위치에 있게 된다. 또 다른 관점에서, 자기 이해가 더 커질수록 개인은 자신의 모든 독특한 삶의 방식을 인정할 수 있게 된다.

성격 특성의 강점

'기억의 새벽 모델'은 다섯 가지 성격 특성에 초점을 맞추고 있으며, 그 특성의 수준이 높으면, 이는 개인의 기능이나 생활양식 패턴에서 상대적 강점을 나타낸다. 개인이 인식할 수 있는 자신의 강점을 통찰하면, 삶에서 다양한 경험을 할 때 자신의 자질을 십분 활용할 수 있다. 각 특성은 세상과 소통하는 효과적이고 목적의식이 있는 방법 그리고 정서적 행복과 관련이 있다. 특정한 특성들은 수명, 삶의 만족 및 삶의 의미와의 관계를 시사한다. 그러나 성격 특성들이 긍정적 정신 건강을 위해 목적의식이 있는 것처럼 보일수록, 그것들이 융통성 없게 유지되거나 지나치게 관여되어 있을 때는 부정적인 면도 있을 수 있다. 예를 들어, 만약 개인이 기진맥진하거나 고갈될 정도로 정신없이 활동을 추구하면 그 활동 정도는 행복을 방해한다. 개인이 다른 사람의 관심사에 너무 맞추면, 그의 사회적 관심이 자신을 돌볼 시간을 허락하지 않는다. 지나치게 낙관적인 견해를 지닌 개인은 인생의 예기치 못한 불행에 효과적으로 대처하기 위해서는 어느 정도의 현실감이 필요하다. 자기효능감의 수준이 높은 사람은 자신의 능력이나 통제를 벗어나는 조건이나 상황을 현명하게 인식해야 한다. 책임감 있게 행동하는 것은 성실성의 중요한 측면이지만, 의도적으로 책임에 초점을 두는 것을 유예하고 경험을 마음껏 즐기는 것이 정서적으로 건강할 때가 있다. 예를 들어, 더운 날에 시원한 호수로 뛰어 들어갈 때는 가족 식사 준비를 걱정할 시간은 아니다.

성격 특성의 발달

성격 특성은 한 개인의 삶의 방식에 대한 뿌리 깊은 패턴을 나타낸다. 지속하는 성격 특성의 변화를 위해 제시되는 도전을 경시하지 않으면, 그 특성들은 성장과 발달의 대상이다. 비생산적이거나 자기 패배적인 성격 특성을 인식하고 더욱 목적의식이 있는 기능을 함양하려고 결의하면, 개인은 전략적으로 적응적인 행동 패턴을 추구해 나가는 데 좀 더 유리한 위치에 있게 된다. 성격 특성의 개발에 있어, 작고 신중하고 끈질긴 걸음을 걷는 노력을 하는 것이 긍정적 움직임을 강화하는 좋은 방법이다.[27] 예를 들어, 활동 정도가 낮은 나이 든 여성은 하루에 두 번 산책하고 뒤뜰에 정원을 가꾸기로 한다. 또 다른 예로, 사회적 관심이 줄어들었음에도 어떤 청소년은 매주 더 어린 학생을 가르치기로 다짐한다. 마지막 예로, 삶에 대한 비관적 전망을 지닌 젊은 성인이 매일 자신이 경험하는 세 가지의 긍정적인 상황을 인정한다. 비록 개인적 약속을 통해 부적응적인 성격 경향을 점차 변화시킬 수 있지만, 개인으로서 자신의 심리적 기능의 결함은 개인 상담을 통해 치료적 개입이 필요한 정도일 수 있다.[28]

나는 곧 내가 지각한 것이다

지각과 초기 회상

우리가 지각하고 이해하는 것은 우리가 어떤 사람인지에 달려 있다.

- Aldous Huxley[1]

비록 시각이 가장 지배적인 감각이지만, 청각, 촉각, 후각, 미각 등의 다른 타고난 감각 기관들의 능력도 인간 상태를 번성시키는 데 중요하다. 감각 지각(sense perceptions)은 초기 회상에서 탐지될 수 있으며, 개인의 뿌리 깊은 삶의 방식을 이해하기 위해 핵심 주제와 성격 특성을 보완해 준다. 사람은 자신의 감각을 통해 독특한 방식으로 세상을 인식한다. 따라서 초기 기억에서 그들의 감각 패턴을 확인하는 것이 가능하다. 초기 회상의 해석은 나아가 색, 장소나 위치, 물질적인 대상의 지각에 대해 개인적으로 느끼는 친밀 감을 드러낸다. 이러한 지각 양상들을 지향하는 것이 종종 매력적 이고 삶을 향상한다.

감각 표현과 초기 회상

개인이 초기 기억을 이야기할 때, 일반적으로 특정 상황에서 어떤 유형의 활동에 관여하는 시각적 이미지를 묘사한다. 대부분 사람에게 이러한 이미지의 묘사는 조용하게 일어난다. 왜냐하면, 초기 기억에서 소리는 거의 발생하지 않기 때문이다. 촉각, 후각 및 미각 같은 다른 감각들의 묘사도 상대적으로 드물다. 시각 양상이 비교 우위에 있다는 점은 초기 기억에 관한 연구 문헌에서 100년 이상 뒷받침되어 왔다.[2] 대부분 사람이 초기 기억에서 시각 채널을 사용하지만, 아주 낮은 비율이지만 다른 감각을 언급하는 사람도 있다. 시각적 양상 이외의 감각 표현이 드물게 발생하는 것은 초기 회상과 이후의 삶에서 모든 감각의 중요성에 대해 의문을 제기한다.

시각과 초기 회상

심리적 함의

인간은 타고난 시각적 재능을 통해 풍부하고 광범위한 삶의 영역에 참여할 수 있다. 미적 고려 사항 외에도, 시각은 종(種)이 생존하고 일상생활을 성공적으로 수행하기 위해서 중요하다. 시각적 자극이 갖는 매력은 문자 메시지, 인스턴트 메시징, 비디오 게임, 그리고 디지털 시대의 다른 혁신적 기술의 폭넓은 매력과 부합한다. 초기 회상에서 독특한 그림 이미지는 인간의 경험 속에 있는 무수한 상황과 사건을 묘사한다. 다른 감각에 비해 시각적 이미지가 초기 기억에서 우세하지만, 표현의 강도는 다양하다. 많은 사람에게서 초기 기억은 두드러지고 뚜렷한 시각 양상에 초점을 맞춘 것으로 나타나지만, 어떤 사람은 시각을 자신의 기억에서 이차적으로 또는 부수적으로 강조한다.

초기 기억 속의 선명한 그림 이미지는 시각 능력이 개인이 삶에서 지향하는 바에 영향을 미칠 수 있음을 시사한다. 아마도 독서, 텔레비전 및 영화, 사람과 사건의 관찰, 그리고 그밖의 많은 시각적인 활동에서 이러한 시각의 매력이 잘 표현된다. 시각 지향적인 개인은 종종 그림 속에서 '생각'을 하고 손쉽게 가상적인 활동에 참여한다. 시각 성향(visually-minded)으로 간주될 수 있는 사람을 위한 학습 과정에서 자신의 경험과 상황을 마음속으로 시각화하는 것은 중요한 부분이다.[3] 우호적이지 않은 관점에서 보면, 그림 성향이 강한 사람은 자신이 다른 감각에 관여하는 것을 축소하거나 심지어는 회피하면서까지 시각 활동에 끌리게 될 가능성이 있다. 예를 들어, 시각 성향인 개인은 자신이 과도하게 가상 세계 활동을 활용하고 있음을 알 수 있고, 따라서 활력을 주고 폭을 넓혀 주는 다른 감각적 표현에 접근하는 것을 잠재적으로 제한할 수 있다.

바트의 초기 회상

"

제가 다섯 살쯤이었음에 틀림이 없습니다. 아버지는 펜웨이 파크에서 열린 야구 경기에 저를 데리고 갔습니다. 저는 계단을 걸어 올라가서 제 앞에 펼쳐진 놀라운 장소를 본 것이 기억납니다. 경기장은 비옥한 녹색이었고 모든 것이 빛났습니다. 경기장 곳곳에서 선수들이 수많은 공을 치고 던지고 하는 것을 보니까, 게임 전에 준비운동을 하는 것이 틀림없었습니다. 관중석에는 많은 사람이 있었고, 우리 좌석은 높이 있었습니다.

"

세부 사항: "나는 경기장 위의 거대한 조명 세트를 본 것이 기억난다."

생생한: "계단을 걸어 올라가서 경기장 전체를 바로 본 것."

감정: "신나고 흥분되었다."

주제상으로, 바트의 초기 회상은 마음을 사로잡는 감각 경험에 참여할 때 느끼는 기쁨과 관련이 있다. 바트는 자신의 시각 감각을 적극적으로 이용하며, 그의 기억에서 색의 존재는 시각적 영향력을 강화한다.

네이선의 초기 회상

"

어느 날 저는 학교에서 집으로 걸어가야만 했고, 밖은 추웠습니다. 어머니는 항상 차로 저를 태우러 오셨는데, 이날 저는 걸어가야만 했는데 이유는 잘 모르겠습니다. 저는 어머니가 저를 태우러 오지 않아서 화가 났던 것을 기억합니다. 집까지는 아마도 약 1마일 정도로 꽤 멀었습니다.

"

세부 사항: "어머니가 저를 데리러 가지 않을 거라는 것을 나에게 미리 말했어야 했다."

생생한: "집으로 걸어가며 화가 나는 것을 느낀 것."

감정: "제가 말했듯이, 나는 화가 났었다."

네이선의 초기 회상의 주제는 권리의 침해를 인지한 것과 관련이 있다. 감각 관점에서 네이선의 기억은 시각적 이미지를 강조하지 않는다.

청각과 초기 회상

심리적 함의

청각은 방대한 삶의 영역에서 인류의 기능과 유지에 중요하다. 청각은 개인들이 서로 의사소통하고 언어와 표현 능력을 개발할수 있게 해준다. 환경에서 지속적 상호 작용을 하면서, 소리에 노출되면 활기, 편안함, 괴로움, 그리고 삶의 질에 본질적인 광범위한 여러 청각 경험을 하게 된다. 초기 회상과 관련하여 소리는 비교적 드물고, 20개의 기억 중에 한 개 미만으로 발생한다.[4] 초기 기억에서 청각적 이미지를 가진 사람은 종종 소리에 끌리고 청각 자극을 찾는다. 결과적으로, 청각은 이러한 개인이 지향하는 바에 영향을 미치는 경향이 있고, 청각은 삶에서 경험을 처리하고 인식하는 주요 수단이다. 이러한 청각 성향(hearing-minded)의 사람에게 듣기는 폭넓고 다양한 활동과 맥락에서 나타나는 매혹적인 측면이 있다.[5] 청각 지향적인 개인은 음악 듣기, 불이 타닥거리며 타는 소리, 풍경 소리, 양철 지붕에 떨어지는 비와 그밖의 많은 청각적 경험에 끌린다. 이러한 다양한 자극은 흔히 긴장을 푸는 수단을 제공하거나 동등하게 활력을 북돋워 줄 수 있다. 일반적으로 청각 성향의 사람은 대화에 참여하는 것을 즐기고 말하는 것을 좋아한다. 교육 경험에서, 청각 지향적인 개인은 종종 듣기가 학습 과정을 향상한다는 것을 깨닫는다. 특히 언어적 상호 작용과 대면 토론을 강조한다. 청각 지향성을 가진 사람은 혼자 하는 활동에서도 자신에게 말을 하거나 큰 소리로 이야기하는 경향이 있다.

안나의 초기 회상

> **"**
>
> 저는 농장에서 자랐습니다. 때때로 학교에 가기 전에 소젖을 짜는 것이 제 일이었습니다. 저는 예닐곱 살이었음에 틀림이 없었고, 저는 헛간으로 걸어가고 있었습니다. 저는 음매 하는 소 울음소리를 들을 수 있었습니다. 저는 소들이 저를 필요로 한다고 느꼈기 때문에 매우 즐거웠습니다. 밖은 정말 추웠지만, 제가 헛간에 도착했을 때 거기가 더 따뜻할 거라는 것을 알았습니다.
>
> **"**

세부 사항: "나는 몇 마리 소의 종이 울리는 소리도 들을 수 있었다."
생생한: "헛간으로 걸어가며 소 울음과 종소리를 듣는 것."
감정: "편안한 만족감."

주제상으로, 안나의 초기 회상은 도움이 되는 일을 성취할 것이라는 기대를 강조한다. 명확하게 청각에 초점을 두면서 안나의 기억은 더없이 행복한 연상을 끌어낸다.

촉각과 초기 회상

심리적 함의

태어나는 순간부터 사랑하는 부모가 어루만질 때 유아가 경험하는 편안함에서 볼 수 있듯이, 촉각은 가장 기본적인 인간 감각이다. 유아가 부모나 돌보는 사람과 서로 지속적인 접촉을 할 때, 아이는 촉각 자극을 통해 세심하게 보살핌을 받는다. 중요한 것은 접촉이 심리적 안도감과 환경적 안정감을 촉진한다는 점이다.[6] 이러한 접촉이 없으면, 유아는 종종 사람과 안정적인 애착을 형성하는 데 어려움을 겪는다. 평생에 걸친 인간의 욕구로서, 다른 사람의 손길은 스트레스를 경감시키는 이점을 줄 뿐만 아니라, 배려와 이해를 전달할 수 있다. 동시에 다른 사람의 손길은 불필요하거나 심지어 침해적일 수 있으며, 이 경우 접촉은 부정적 특성이 있을 수 있다. 대부분 사람에게 아기의 매끄러운 피부를 부드럽게 어루만지거나, 추운 날에 따뜻한 스웨터를 입거나, 좋아하는 컵에 음료수를 담아 조금씩 마시는 것과 같은 감각 경험은 삶을 풍요롭게 하고 행복을 증진한다.

초기 회상에서 촉각 감각이 나타나는 경우는 드물며, 10% 미만의 기억에서 발생한다.[7] 자신의 기억 속에서 육체적 접촉을 받거나 이를 표현하는 개인은 삶에서 촉각 지향적인 경향이 있고, 촉각 성향(touch-minded)이라고 간주할 수 있다.[8] 촉각에 친밀감을 느끼는 사람은 일반적으로 애정 어린 접촉을 받고 싶은 욕구, 물건을 만지려는 충동, 옷의 부드러운 질감을 선호하는 것과 같은 촉각 자극을 찾는다. 촉각 성향의 사람은 포옹을 주고받고, 손에 물건을 들거나 쥐고, 마사지 또는 등 마사지를 받는 것을 즐기는 경향이 있고, 유사한 촉각 경험의 세계에 몰두한다. 이들은 또한 셔츠와 바지에서 성가신 태그를 떼어 내고, 부드러운 슬리퍼와 편안한 옷을 착용하고, 운이 좋을 때 뜨거운 욕조를 즐기고, 침대 시트로 부드러운 천을 선호하는 욕구를 지니고 있다. 어릴 때 접촉 활동으로 나무를 오르거나, 나뭇잎 더미에 뛰어들거나, 눈 더미를 굴리는 것을 좋아했다. 교육적인 관점에서, 재료와 물체를 조작할 수 있는 기회를 제공하는 핸즈온(hadns-on) 활동을 통해 종종 접촉 지향적인 개인의 학습 과정을 향상할 수 있다.

산드라의 초기 회상

> **66**
>
> 어머니는 침실에 아름다운 화장대를 가지고 계셨고, 어느 겨울 저녁에 저는 어머니가 제 머리를 빗고 있는 동안 화장대 앞에 앉아 있던 것이 기억납니다. 제 머리는 약간 길었고, 어머니는 커다란 은으로 만든 머리빗으로 제 머리를 부드럽게 빗겨 주었습니다. 어머니가 제 머리카락과 머리를 만질 때, 어머니의 손은 부드러웠습니다. 침실은 조금 추웠고, 어머니는 저를 따뜻하게 해 주려고 푹신한 담요로 저를 감쌌습니다.
>
> **99**

세부 사항: "나는 방금 목욕을 했다고 생각한다."

생생한: "어머니가 제 머리를 빗기던 것."

감정: "즐겁고 평화로웠다."

주제상으로, 산드라의 초기 회상은 평온한 대인 관계 경험을 묘사한다. 산드라의 기억에서 촉각을 강조한 점이 특히 가슴 아프게 만든다.

후각과 초기 회상

심리적 함의

시각, 청각 및 촉각과 비교하면, 후각은 일상생활에서 덜 두드러지고 덜 중요한 것처럼 보인다. 동시에 냄새 지각은 유독하고 해로운 물질에 대한 경고를 함으로써 생존에 매우 중요하며, 기분 좋은 냄새는 자극적이고 상쾌한 다양한 향기를 통해 인간의 삶을 풍요롭게 한다. 대부분 사람은 여러 가지 좋은 자극을 주는 매력적인 냄새를 즐기지만, 불쾌한 냄새를 종종 혐오스럽게 여긴다. 잠깐 동안의 향기도 강력한 이미지를 유발할 수 있고, 오래전부터 잊히지 않는 기억을 불러일으킨다.[9] 어른이 기름칠 한 야구 글러브의 냄새를 맡거나 집에서 만든 뜨거운 사과 파이의 냄새를 경험할 때, 그는 즉시 야구장에 서 있거나 어린 시절 살던 집의 부엌에서 어머니가 요리하는 것을 돕던 아이의 기억으로 옮겨 갈 수 있다. 루드야드 키플링(Rudyard Kipling)은 정서적으로 잊을 수 없는 기억을 언급하면서, "당신의 심금을 울리기 위해서는 냄새가 소리나 광경보다 더 확실하다."[10]라고 썼다.

초기 회상에서 냄새에 대한 언급은 드물며, 아마도 백 개 중 두세 개 정도의 기억에서 발생한다.[11] 초기 기억에서 냄새 감각을 언급하는 비교적 소수의 사람은 일상생활에서 냄새를 지향하는 경향이 있다. 그러한 후각 성향(smell-minded)의 사람은 다양한 냄새 관련 자극을 인식하고, 종종 기분을 좋게 하고 삶을 향상하는 것으로 보이는 향기를 찾는다.[12] 후각 지향의 개인은 일반적으로 상쾌하고 행복감을 주는 효과가 있는 다양한 인공 또는 자연 향을 즐긴다. 실내 환경에서 음식, 양초, 향기 장치, 에센셜 오일, 바디 로션 및 스프레이, 신선한 꽃과 향수로부터의 기분 좋은 냄새가 특히 매력적일 수 있다. 자연환경에서는 신선한 공기, 갓 깎은 잔디, 정원의 꽃과 허브, 불타는 나무에 다가갈 때 접하는 냄새가 많은 후각 성향의 사람에게 매혹적인 향기이다. 동시에 이들은 보통 퀴퀴하거나 악취 나는 냄새에 혐오감을 느끼고, 대개 불쾌하고 역겨운 냄새를 피한다.

자넷의 초기 회상

> 66
>
> 우리는 큰 하얀 집에 살았고 마당에는 라일락 덤불이 많이 있었습니다. 저는 다섯 살쯤이었고, 라일락 아래에 있는 벤치에 앉아 제 인형을 가지고 놀던 것이 기억납니다. 저는 제 주위에 있던 라일락 냄새를 맡을 수 있었습니다. 아름다운 날이었고, 라일락 향기는 정말 기분이 좋았습니다. 저는 제 인형을 들어 라일락 덤불에 대고 냄새를 맡게 했습니다.
>
> 99

세부 사항: "어머니는 마당에서 뭔가를 하면서 근처에 있었다."

생생한: "냄새를 더 잘 맡기 위해 내 머리를 뒤로 젖히고 라일락 덤불을 쥔 것."

감정: "그것은 강렬했고, 거의 취하게 했다."

자넷의 초기 회상의 주제는 자연의 감각적 상태를 인식하고 감상하는 것을 시사한다. 자넷의 후각은 그녀의 기억에서 두드러지고 강렬하다.

미각과 초기 회상

심리적 함의

유아기부터 노년기에 이르기까지 개인은 음식과 음료를 섭취하며 무수히 많은 미각을 느낀다. 만족스러운 식사, 맛있는 간식 또는 좋아하는 뜨겁거나 차가운 음료는 사람이 그러한 미각 경험을 접할 수 있을 만큼 운이 좋으면 매일 즐기는 삶의 즐거움이다. 후각은 맛의 질과 지각에 이바지하며, 다양한 문화적 경험은 전 세계에 걸쳐 개인의 음식 선호도에 영향을 미친다. 비록 미각 경험이 매일의 삶에서 거듭되지만, 이 지각 양상은 초기 기억에서 거의 나타나지 않는다. 이론적으로 생물학적 추동(drive)으로서 미각은 너무 강렬해서 삶이 어떠한 것인지 또는 무엇인지를 이해하기 위해 초기 회상에 내재한 동기유발 자극이 필요하지 않을 수도 있다. 미각이 초기 기억에서 구체화하는 경우가 드물지만, 어떤 사람에게는 그 양상이 두드러지고 뚜렷하기 때문에 미각은 아마도 그들의 삶에 정향적(orienting) 영향을 줄 수 있다.

초기 회상에서 미각 표현에 대한 언급은 드물며, 미각 성향(taste-minded)이라고 간주하는 개인들의 100개의 기억 중에 아마도 한두 개에서 발생한다.[13] 이러한 맛에 대한 호감은 일반적으로 다양한 음식과 음료를 탐구하고 소비하려는 욕구를 불러일으킨다. 미각 지향적인 사람은 적합한 나이가 되면, 종종 요리 경험을 배울

뿐만 아니라 새로운 음식과 식당을 찾아 나선다. 식사 및 행사에 사용할 음식과 음료를 선택하고 새로운 요리법과 요리를 만드는 데 상당한 시간을 보내는 것이 일반적인 일이다. 역설적으로, 미각 지향적인 것은 반드시 그 사람이 요리하는 것을 즐긴다는 것을 의미하지는 않는다. 그러나 미각을 선호하는 개인은 요리를 즐기고, 심지어 요리 분야의 직업이나 천직을 매력적이라도 생각할 수도 있다.

피터의 초기 회상

> **"**
>
> 저는 어머니, 아버지, 여동생과 함께 시골에 있는 고모의 오래된 집을 방문했던 기억이 납니다. 부모님은 부엌에서 고모와 이야기를 나누고 있었고, 여동생과 저는 식탁 주변에서 놀고 있었습니다. 고모가 식탁 위의 큰 그릇에 다른 과일들과 함께 빨간 사과 몇 개를 담아 놓았습니다. 저는 사과를 먹고 싶었고, 그래서 그중에 하나를 집어 한입 물었습니다. 맛있었습니다. 그래서 저는 사과 몇 개를 더 집어서 한 입씩 먹었습니다. 각각의 새로운 사과는 제가 방금 맛본 것보다 더 달콤해 보였습니다. 제가 사과를 돌려놓아서 사람들은 제가 어디를 베물었는지 알 수 없었습니다.
>
> **"**

세부 사항: "대부분의 사과가 밝은 빨간색이고 정말 맛있었다."

생생한: "사과들을 덥석 문 것과 그것들이 얼마나 달콤한 맛이 나는지 즐긴 것."

감정: "나는 행복했다."

피터의 초기 회상의 주제는 미각 경험에 초점을 맞춘 활동적이고 장난기 많은 특성을 보인다. 피터의 기억에서 미각은 주목할 만하고 뚜렷하다.

감각 이형과 초기 회상

많은 개인에게 시각적 장면은 그들의 초기 회상에서 유일한 감각 표현으로 여겨진다. 또 다른 사람의 초기 회상에서는 둘 이상의 두드러진 감각 표현이 기억 속에 나타난다. 초기 회상에서 복수의 감각이 강렬할 때, 각 감각은 정향적(orienting) 영향을 줄 수 있다. 이 역동적 조합은 잠재적으로 한 사람을 풍요롭게 하지만, 때로는 그 감각 효과는 또한 마음을 산란하게 하거나 과도한 자극을 줄 수도 있다. 훨씬 더 드물게, 아주 소수의 사람만이 초기 기억과 삶에서 감각 표현을 중복으로 혹은 혼합하여 묘사한다. 공감각(synesthesia)으로 알려진 것에서, 하나의 감각 과정은 다른 감각을 자극하고 감각들이 뒤섞여 짜여 있다. 예를 들어, 무언가를 맛보는 것이 교차 배선(십자선)의 형태로 사람의 청각을 촉발한다. 또 다른 감각 이형(異形, Sensory Variations)에는 감각 장애를 경험하는 사람이 포함된다. 이러한 상황에서 발생하는 흥미로운 질문은 "시각 또는 청각과 같은 자신의 감각 양상에 제한이 있는 사람은 어떻게 자신의 초기 회상을 형성하고 묘사하는가?"이다.

복수의 감각과 초기 회상

심리적 함의

많은 사람이 자신의 초기 회상을 이야기할 때 복수의 감각(Mutiple Senses) 지각을 언급한다. 개인의 초기 기억에 떠오르는 뚜렷한 감각들을 활성화하는 것은 흔히 삶에 활기를 불어넣고 기운을 북돋아 준다. 특정한 감각들을 지향하면 종종 삶의 경험과 사건이 풍부해지고 복잡성이 향상된다. 예를 들어, 성인으로서 다이애나는 자신의 초기 기억과 일상생활에서 시각, 청각 및 후각의 민감성이 뚜렷하다. 어느 일요일 오후 공원 벤치에 앉아 있는 동안 다이애나는 사람들이 걸어가는 모습을 보는 동시에, 새들이 재잘거리는 소리를 듣고, 볶은 땅콩 냄새를 맡는다. 다이애나와 그녀처럼 특정한 감각들에 복수 지향성(multiple orientation)을 가진 사람은 개인적 관심을 끌어내고 종종 마음을 사로잡는 감각 지각들을 조율해 나간다. 그런 개인은 종종 다른 사람이 간과하는 감각들의 세부 사항이나 느낌을 알아차릴 수도 있다. 호의적이지 않게 보면, 복수 감각 지향적인 사람은 때때로 자신의 감각 표현이 활성화될 때 산만해지거나 감각 과부하가 유발된다는 것을 알 수 있다. 다양한 환경 자극이 아마도 복수의 감각을 유발할 수 있고, 듣기와 같은 단일 감각이 관여된 특정 과제에 집중하는 것이 일시적으로 어려울 수 있다. 또 다른 경우에 오랫동안 복수의 감각을 사용하는 것은 정신적으로 피로감을 주거나 신체적으로 지치게 만들 수 있다. 이들은 명상이나 배경음악을 듣는 것과 같은 활동을 통해 감각이 과도하게 활성화되지 않도록 한숨을 돌리는 것이 도움이 되고 적응적일 수 있다.

프랭크의 초기 회상

"

여름 방학에 제 사촌 어니와 그의 가족을 방문했던 것을 기억하며, 그들은 집 지하실에 전기 기차 세트를 가지고 있었습니다. 그 기차는 작은 집과 상점이 설치된 궤도를 돌아다녔습니다. 저는 속도를 높이 거나 낮추기 위해 변압기 게이지를 움직였습니다. 변압기에서 타는 냄새가 났고, 우리는 연기를 내뿜게 하려고 큰 검은 기관차의 굴뚝에 가루를 넣었습니다. 기관차에는 우리가 많이 사용했던 경적도 있었습니다. 기차가 너무 빨리 달려서 두세 번 궤도에서 벗어났습니다.

"

세부 사항: "열차는 또한 농장과 삼림 지대를 지나갔다."
생생한: "열차가 궤도에서 벗어나 날아갔을 때, 불꽃이 튀었고 충돌하는 소
      리가 났다."
감정: "그것은 매력적이었고 매우 재미있었다."

주제상으로, 초기 회상은 흥미진진하고 즐거운 복수 감각의 경험을 묘사한다. 프랭크는 기억에서 미각을 제외하고 모든 감각을 사용하고 있다.

공감각과 초기 회상

심리적 함의

공감각(synesthesia, 共感覺)은 한 감각의 자극이 무의식적으로 다른 감각 양상을 유발하는 것이다. 분리되어 있는 대신에, 교류(交

流) 형식으로 두 개 이상의 감각이 혼합되어 있다. 공감각을 경험하는 사람은 소리를 색깔로 듣고, 글자나 모양을 색깔로 보고, 심지어는 맛을 듣는 능력이 있다.[14] 공감각은 집안 내력이며, 통계적으로 드문 경우이다. 200명 중의 1명 정도에서 더욱 강렬한 경우는 5,000명 중의 한 명에 이르기까지 다양하다.[15] 한 이론은 공감각의 원인이 뇌에서 보통은 분리되어 있는 신경의 연결이 물리적인 교차로 상호 연결된 결과라고 설명한다.[16] 한 예로, 영국의 대학교수인 멜리사 리는 공감각을 가진 사람으로, 공감각이 특히 정보를 기억하는 방법에 영향을 준다는 것을 알게 되었다. 멜리사는 이름, 문학 글귀, 전화번호, 프랑스어 및 스페인어 어휘와 기타 다양한 유형의 정보를 색과 연관하여 회상한다. 예를 들어, 멜리사에 따르면, 그녀는 일주일의 요일을 프랑스어로 자홍색, 청색, 노란색, 진한 빨간색, 보통 빨간색, 검은색 반점이 있는 노란색 및 약간 밝은 자홍색으로 인식한다. 멜리사는 공감각이 자신의 삶을 윤택하게 하고 학습에 도움이 되었다고 말한다. 몇몇 다른 공감각자는 특정 상황에서 그 상태가 마음을 산란케 하는 것을 깨닫는다. 동시에 대부분의 공감각자는 공감각을 긍정적인 시각으로 받아들이며, 그것의 자극적인 특성을 중요시한다. 초기 회상에서 멜리사는 마음속에 떠오르는 숫자를 어머니에게 반복할 때 숫자마다 다양한 색을 경험한다.

멜리사의 초기 회상

"

아빠는 출장을 많이 다니셨으며, 저는 엄마랑 잤습니다. 저의 네 번째 생일날 아침 저는 베개에 얼굴을 묻고 누워 있었습니다. 저는 "이제 셋이 아니고, 단지 넷."이라고 말했습니다. 제가 그 말을 했을 때, 셋은 제 마음속에서 빨강이었고, 넷은 파랑이었습니다. 베개는 크림색이었고, 엄마는 항상 입었던 빨간 실내복을 입고 있었습니다. 저는 방에서 엄마가 제 주위를 맴도는 것을 들은 기억이 있고, 빨간 코트가 휙 소리를 내며 움직이는 것을 들을 수 있었습니다.

"

세부 사항: "거의 내가 설명했던 것."

생생한: "내 머릿속에 있는 단어를 말했을 때 숫자의 색깔."

감정: "내 생일이어서 매우 행복했고, 숫자는 예뻤다. 나는 색을 보는 것을 좋아한다."

주제상으로, 멜리사의 초기 회상은 새롭고 자극적인 경험을 발견할 때 느낀 기쁨을 강조한다. 공감각자로서 그녀는 기억에서 문자와 숫자를 색으로 시각화한다.

감각 장애와 초기 회상

심리적 함의

소수의 개인에게 자신의 감각 장애와 초기 기억의 처리 및 의사소통과의 관계에 관한 흥미로운 질문들이 등장한다. 비록 이 주제에 관한 조사는 미미하지만, 갤러뎃 대학교(Gallaudet University)의 로버트 리 윌리엄스(Robert Lee Williams) 교수와 버지니아 대학교 (University of Virginia)의 존 본빌리안(John Bonvillian) 교수가 시행한

한 연구에서는 청각 장애가 있는 대학생의 초기 기억에 관해 검토했다. 예상 밖의 연구 결과에 따르면, 청각 장애인은 비장애인보다 초기 기억을 훨씬 더 긍정적으로 평가했다.[17] 청각 장애인이 청각 기능이 있는 사람보다 어린 시절에 더 많은 좌절과 외로움을 겪으며, 이것이 그들의 초기 기억의 내용에 반영될 것이라는 가정 때문에 윌리엄스와 본빌리안은 이 자료에 다소 놀랐다. 훨씬 더 예기치 못한 결과로, 청각 장애인은 자신들의 처음 초기 기억이 세 살 반쯤에 발생했다고 보고했다. 비장애인 부모의 청각 장애인 자녀는 보통 수년간의 정규 교육을 받은 후에야 적절한 수화 기술을 습득할 수 있으므로 이 결과는 놀라웠다. 다시 말해서, 청각 장애인은 좀 더 발달한 언어 능력을 습득하기 전에 그들의 초기 기억을 형성할 수 있었다. 이 결과는 충분한 정도의 언어 능력이 초기 기억을 생성하고 유지하는 데 필요하다는 믿음에 의문을 불러일으킨다.

또 다른 감각 분야의 연구는 시각 장애인이 초기 회상을 경험하는 것과 관련이 있다. 초기 기억을 처리하는 것이 보편적으로 시각적 이미지를 끌어내는 것처럼 보인다는 점을 고려하면, 시각 장애인은 어떻게 초기 어린 시절의 기억을 형성하는가? 대부분 사람은 초기 회상에서 자신이 어떤 유형의 활동에 참여하고 있다고 가장 빈번하게 묘사한다. 하지만 시각적 기억을 만드는 것은 대부분의 시각 장애인이 가진 능력 밖이다. 특히 선천적인 시각 장애인은 시력이 없이 태어나서 구체적인 시각적 이미지를 한 번도 경험한 적이 없다.[18] 중요한 점은 시각 장애인은 공간 정보와 세상에 대한 감각적 단서를 제공하기 위해 종종 촉각에 의존한다는 점이다.[19] 어떻게 시각 장애인이 그들의 초기 기억을 경험하는가를 평가하기 위해, 개업 개인 사회복지사인 로저 뷰도인(Roger

Beaudoin)은 자진해서 자신의 초기 기억을 말했다. 로저는 선천적인 시각 장애인이다.

로저의 초기 회상

66

제가 네 살이었을 때, 저는 당신이 앉아 있는 차 중 하나를 가지고 있었습니다. 저는 행상을 하고 있었고, 어디로 가고 있는지 몰랐습니다. 한 이웃이 저를 보고 주유소로 안내했습니다. 저는 그 사람에게 제가 왜 거기로 가고 있는지 물었고, 그는 제 타이어를 고칠 필요가 있다고 말했습니다. 그 사람은 제 부모님께 전화를 걸었고, 부모님이 와서 저를 데려갔습니다.

99

세부 사항: "나는 길에 있었다고 엉덩이를 살짝 맞았다."
생생한: "행상."
감정: "즐겁게 지냈다. 이웃은 꽤 친절한 사람이었고, 당시 나는 꽤 사람을 믿는 편이었다."

주제상으로, 로저의 초기 회상은 신체적 활동과 탐구적 활동의 즐거움을 전하고 있다. 시각적 이미지가 없는 경우, 로저는 자신의 기억에서 청각과 촉각을 사용한다. 로저는 자신의 다음 기억에서 추가적인 감각 양상을 경험한다.

66

저는 다섯 살이었고, 당시 콜로라도주 스프링스에 살고 있었습니다. 저는 유치원에서 그레이톤 여사의 학급이었습니다. 우리는 찰흙을 가지고 놀았습니다. 저는 진흙의 열렬한 팬이었습니다. 저는 그것을 먹어 봤는데 맛이 좋지 않았습니다. 그녀는 "로저, 그것은 진흙이야."라고 말했습니다. 저는 주목을 받는 그 부분이 좋았습니다.

99

세부 사항: "모래가 섞인 진흙. 차갑지만 부드러운. 나는 모양으로 만들 수 있었고, 그것에서 어떤 냄새가 났다."

생생한: "진흙을 먹으려고 한 것. 나는 혀에 질감을 느낄 수 있었다."

감정: "나는 그것에 대해 꽤 기분이 좋았다. 즐거웠다."

로저의 초기 회상의 주제는 경험적이고 탐구적인 것에 초점을 두고 있다. 로저의 기억은 시각을 제외하고 청각, 촉각, 후각 및 미각의 모든 감각을 포함하고 있다. 흥미롭게도, 비록 로저가 자신의 초기 기억을 시각화하지 않았지만, 그 기억을 읽을 때 시각이 정상인 사람은 꼬마 아이가 작은 자동차로 행상을 하고 찰흙을 먹으려고 하는 시각적 이미지를 쉽게 마음에 떠올릴 수 있다.

초기 회상에서 색, 장소 및 대상의 지각

초기 회상에서 지각 양상 외에도 그밖의 인간 지각들이 성격 기능의 영역에 대한 통찰력을 제공한다. 색, 위치 또는 장소, 대상은 환경에서 풍부하며, 어떤 개인은 삶에서 지향하고 자기 삶의 방식에 필수적인 지침에 친근함을 느낀다. 개인의 초기 기억에서 색을 경험하는 것은 일상생활에서 색의 경이로움에 민감성이 높다는 것을 시사한다. 초기 회상에서 물리적 장소나 물질적 대상이 두드러질 때, 그 지각은 그 사람의 삶에 특히 영향을 줄 수 있다.

색과 초기 회상

심리적 함의

시각적 경험은 색채 지각의 풍부함과 미적인 아름다움을 인간 정신에 부여한다. 색채 스펙트럼을 주입함으로써 사건과 대상의 선명도가 향상된다. 대부분 사람은 매혹적인 색채의 세계에 접근할 수 있고, 색에 대한 인식과 관심은 범문화적으로 어디에서나 알아볼 수 있다. 초기 회상에서 색에 대한 언급은 소수의 초기 기억에서 발생하며, 여섯 명 중 한 명 정도가 자발적으로 색을 언급한다.[20] 초기 회상에서 색을 인용하는 개인은 대부분 사람이 경험하는 것에 비해, 더 강렬하고 매력적인 색을 더욱 잘 인식하고 이에 민감한 것처럼 보인다. 이러한 미적 성향은 그 사람이 뛰어난 예술적 재능이 있다는 것을 의미하는 것이 아니라, 개인이 어떻게 색을 지각하고 가치를 부여하는지에 관한 것이다. 초기 기억에서 색이 나타나는 사람은 색 성향(color-minded)이라고 간주할 수 있다.[21] 이들은 자신의 환경에서 다양한 색을 찾아 나서고 갈망하기 때문이다. 이들은 색이 활기와 풍요로움을 주는 것을 알게 되고, 자신의 삶에서 색을 찾고자 하는 욕구를 자주 경험한다. 이러한 성향은 아마도 개인적인 옷차림, 집안 장식과 건축 및 자연 세계 모두에서 색 구성을 관찰할 때 나타날 수 있다. 색 성향의 사람에게 색은 종종 기분을 좋게 하는 효과가 있고, 무작위로 나타나는 색은 활력을 주고, 심지어는 영감을 줄 수도 있다. 동시에 색상의 부재 또는 충돌은 그들의 미적 감수성에 고통을 줄 수 있다.

데이비드의 초기 회상

> **"**
>
> 제가 다섯 살 정도 되었을 것입니다. 저는 부모님과 누이와 함께 할머니 댁을 방문했습니다. 저는 할머니 집에 있는 방들을 걸어 다니면서, 각 방에서 제 눈을 사로잡는 모든 생생한 색을 본 것을 기억합니다. 저는 장식, 양탄자와 그림을 볼 수 있었습니다. 어떤 나무 마루에는 제가 지금은 동양 양탄자로 알고 있는 것이 깔려 있었습니다. 양탄자는 빨간색과 파란색이 풍부하고 아름다웠습니다.
>
> **"**

세부 사항: "어느 방의 큰 창문들에는 연한 노란 색의 커튼이 달려 있었고, 나는 이 방이 제일 좋았다."

생생한: "풍부한 색상과 대상이 너무 많아서, 나는 그 속에 완전히 사로잡혔다."

감정: "마음이 사로잡혔다."

데이비드의 초기 회상의 주제는 마음을 사로잡는 심미적 경험을 하는 것을 강조한다. 데이비드는 자신의 기억에서 색이 아주 매력적임을 깨닫는다.

장소와 초기 기억

심리적 함의

사람은 종종 자신의 삶에서 특별한 의미를 지닌 위치나 장소와 정서적인 관계를 맺는다. 그 상황은 어린 시절의 집, 가족 모임의 장소였던 호수, 뒤뜰의 정원, 또는 특별한 매력을 지닌 어떤 장소일 수 있다. 다른 경우에, 어떤 상황에서 부정적이거나 불쾌한 경험을 했던 개인에게 이러한 환경은 부정적 연상과 반응을 유발할 수 있다. 초기 회상에서 대개 기억 속의 장소를 식별하는 것이 가능하다. 어떤 초기 기억에서는 장소가 눈에 띄고 뚜렷하며, 다른 기억에서는 장소가 이차적 또는 부수적 특성을 띤다.[22] 초기 회상에서 어떤 장소가 두드러질 때, 개인은 그 장소에 대해 호의적이거나 비호의적인 정서적 반응을 보일 수 있다. 장소에 대한 긍정적인 느낌을 지닌 사람은 종종 그 장소에 자연히 끌리고, 그 장소가 원기를 회복시켜 주고 풍요롭게 해주는 것을 깨닫는다. 집이란 건축 환경이나 나무가 우거진 지역의 자연환경과 같은 장소에 있는 자신을 발견하는 것이 행복감을 불러일으킨다. 이러한 장소에서 보내는 시간이 종종 기분을 좋게 하고 삶을 향상한다. 이러한 의미에서 개인은 무형의 특성을 보인 장소에 높은 가치 평가와 관심을 주기에 장소 성향(place-minded)이라고 간주할 수 있다.[23] 이러한 성향은 종종 장소 감각(sense of place)에 대한 민감성을 포함하며, 이는 특별한 장소를 그 개인에게 반향을 불러일으키는 사랑스러운 매력과 감상으로 가득 채운다.[24]

대조적으로, 개인은 자신의 초기 회상에서 인지할 수 있는 장소에 대해 부정적인 감정을 경험할 수 있다. 이 부정적인 반응은 한 개인 인생의 추후 어느 시점에서 유사한 유형의 상황에서 표면화될 수 있다. 예를 들어, 중년의 성인이 된 토드는 학교 버스에서 굴욕과 조롱을 받았던 두 번의 초기 기억을 회상한다. 그 에피소드가 있은 지 수년 후에, 토드는 버스에 타야 할 때마다 근본적인 긴장감과 불편함을 느낀다.

멜리사의 초기 회상

> **"**
>
> 저는 부모님과 함께 자동차로 드라이브를 하며 창밖을 본 것을 기억합니다. 농장을 보면서 '저것은 내가 언젠가 가지고 싶은 것이다.'라고 생각했습니다. 그것은 매우 멋졌습니다.
>
> **"**

세부 사항: "나는 이 커다란 녹색 스테이션 왜건에 있었다. 집은 흰색과 빨강이었고, 모든 것은 녹색이었다."

생생한: "나는 농장이 어떻게 생겼는지를 묘사할 수 있다. 헛간과 그 주변에 있는 모든 풍경을."

감정: "흥분되었다. 내가 그것을 갖고 싶다는 것을 깨달았다. 그것이 멀리 있었지만, 나는 그것을 가질 수 있을 것 같았다."

주제상으로, 멜리사가 농장을 보는 것을 즐기면서 그녀의 초기 회상에는 예견하는 특성이 있다. 즉각적인 매력을 지닌 특별한 장소에 대한 갈망이 있다.

대상과 초기 회상

심리적 함의

물질적 대상은 인류의 생존과 진화 조건을 뒷받침하는 데 항상 커다란 영향을 미쳐 왔다. 대상은 생활 도구, 개인 소유물 및 다양한 운송수단 등과 같은 광범위한 범주의 품목과 장치를 나타낸다. 초기 회상에서의 장소와 유사하게, 대상은 기억에서 두드러지고 뚜렷하거나, 혹은 이차적이거나 부수적인 역할을 한다.[25] 장난감, 가구, 나침반, 자전거 또는 물질 세계의 여러 다른 품목들이 개인의 초기 기억에서 관심의 초점이 될 수 있다. 대상이 어떤 사람의 기억에서 긍정적인 반응을 끌어낼 때, 그 사람은 삶에서 지향하는 물품들에 친밀감을 느낄 수 있다. 이런 점에서 다양한 물품들이 종종 만족감과 행복감을 낳고, 개인을 대상 성향(object-minded)이게 한다.[26] 예를 들어, 로리는 초기 회상에서 건축 세트를 가지고 다양한 나무 블록으로 장난감 집과 빌딩을 지으며 노는 것을 즐긴다. 성인이 된 로리는 항상 손으로 하고, 건설 프로젝트에서 일하는 것을 즐겨 왔다. 또한 초기 회상에서 대상은 기억과 삶에서 바람직한 결과에 이바지하는 매개체 역할을 할 수도 있다. 예를 들어, 로리의 기억의 변형에서 다른 사람이 그와 함께 건설 작업에 동참하는 것을 생각해 보자. 그리고 로리는 이러한 공동 참여를 선호한다. 결과적으로 로리는 일상생활에서 다른 사람과의 동료애를 느낄 수 있는 일을 만들어 갈 때 가장 만족감을 느낀다.

동전, 인형 또는 도구와 같은 특정 대상이 초기 회상에서 긍정적인 정서적 반응을 불러일으킬 때, 개인은 삶의 맥락에서 이러한 물건을 얻거나 함께 시간을 보내고 싶은 욕구가 있을 수 있다. 반면에 초기 기억에서 불리하거나 부정적인 반응을 유발하는 대상을 나중에 피할 수 있다. 초기 어린 시절의 대상과 관련된 또 다른 관점으로, 어린아이는 종종 꼭 껴안을 수 있게 만든 인형, 따뜻한 담요, 부드러운 천과 같은 특별한 대상을 애지중지한다. 이 소중히 여기는 물품은 일반적으로 부모가 주기적으로 옆에 없을 때 느끼는 고통을 관리하는 데 도움을 주며, 과도적 대상(transitional object)으로 간주된다.[27] 종종 물건을 가지고 다니고 물건을 쥐고 잠드는 아이에게 소유는 필수적이다. 사용을 많이 한 후에 물건은 보통 더러워지거나 닳지만, 아이는 물건을 포기하지 않는다. 이윽고 어린아이는 그 물건과 시간을 덜 보내는 경향이 있고, 결국 물건을 치워놓거나 어디에 두었는지도 모르게 된다. 흥미롭게도, 아이가 과도적 대상에게 쏟는 상당한 시간과 헌신을 고려할 때, 이 물건들은 초기 회상에서 거의 언급되지 않는다. 그 대상이 개인의 생활양식이나 삶이 어떤 것인지에 관한 인식에 필수적이지 않기 때문에 아마도 이러한 누락이 발생할 수 있다.

헨리의 초기 회상

66

제가 아주 어렸을 때 아버지가 제게 오래된 주머니 시계를 보여 주셨던 것을 기억합니다. 그 시계는 금색이었고, 앞면에 기관차 열차가 새겨져 있었습니다. 아버지가 시계의 앞 덮개를 열자 검은색 숫자가 흰색 배경에 대조되어 반짝반짝 빛났습니다. 그런 다음 앞 덮개를 닫고 시계의 뒤 뚜껑을 열었습니다. 거기에는 온갖 종류의 기어와 스프링이 있었습니다.

99

상세 내용: "시계가 금줄에 달려 있었고, 아버지는 내 셔츠 주머니에 그것을 넣었다."

생생한: "기어가 돌아가는 것을 본 것."

감정: "나는 깜짝 놀랐다."

주제상으로, 초기 회상은 헨리가 매혹적인 대상과 상호작용할 때 느낀 흥분을 전하고 있다. 헨리가 색에 대해 언급한 것이 대상의 시각적 이미지를 강화하고 있다.

지각과 초기 회상에서의 개인차

감각, 색, 장소 또는 대상 지향적인 사람은 이기심과 개인적 만족을 뛰어넘는 영향력 있는 방식으로 인류에 이바지한다. 이러한 가르침과 유사하게, 개인은 종종 훌륭한 재능이 어떻게 인간의 상태를 풍요롭게 하는지 우리 모두에게 강력하게 상기시킨다. 시각, 청각, 물질적 대상과 장소 그리고 그밖의 지각들을 당연시하고, 지각의 존재에 대해 자기 만족적이기 쉽다. 색채 스펙트럼을 경이로워하는 색채 성향의 개인이든, 자연의 향기 속에서 기쁨을 찾아내는 후각 성향의 개인이든, 그러한 정서적 반응을 목격하는 것은 종종 지각 세계의 경이로움을 신선하게 인식하고 이해함으로써 다른 사람을 자극한다. 다른 관점에서, 개인은 삶에서 지향하는 지각과 관련된 활동에 지나치게 참여하면, 때때로 자신에게 비판적이거나 다른 사람으로부터 받는 비판을 견뎌야 할지 모른다. 개인이 색채에 대한 매력이나 자주 만지고 싶은 욕망 같은 특정한 지각을 경험할 때, 이러한 강렬한 기능의 깊고 지속하는 본성을 통찰하면 자유로워질 수 있다. 개인의 독특함은 자기 삶의 방식에 내재한 특정한 지각 양상을 향한 몸에 밴 깊은 친밀감과 관련이 있다. 게다가 지각 지향적인 사람에 대한 민감도가 증가하면, 인간관계에 도움이 되는 공감적 이해가 함께 증진된다.

Part III
초기 회상의 전통과 실제

chapter
09

예를 통해 배우기
역사적 인물들의 초기 회상

더 오래 되돌아볼 수 있을수록, 더 멀리 앞을 볼 수 있다.

– Winston Churchill[1]

역사적인 인물들이 자신의 삶에 대한 여러 이야기에서 어린 시절 기억을 밝혔다. 역사적 인물들에 관해 출판된 기록에 그들을 이해하는 것을 돕는 재료들이 있다. 레오나르도 다빈치, 드와이트 데이비드 아이젠하워, 마틴 루터 킹, 그리고 여러 저명인사가 자신의 초기 회상을 언급했고, 이를 통해 대중은 그들의 삶의 이야기를 더 깊이 이해할 수 있게 되었다.[2] 물론 출간된 초기 기억을 평가할 때는 가치 있는 대면 대화와 후속 질문을 할 수 없다. 그러나 유명 인사들에 관한 폭넓은 자료에 접근하면, 대인관계를 기반으로 초기 회상을 도출할 때 일반적으로 가능하지 않은 풍부한 정보를 얻을 수 있다. '기억의 새벽 모델'로 세 명의 역사적 인물들의 초기 기억들을 그들의 삶의 이야기 맥락에서 평가할 것이다.

세계적으로 유명한 인물들인 토머스 제퍼슨, 알버트 아인슈타인과 테레사 수녀가 어린 시절의 초기 기억을 출간된 자료에서 밝혔다. 미국 대통령으로 두 번 선출된 토머스 제퍼슨은 독립선언서의 저자이다. 알버트 아인슈타인은 잘 알려지지 않은 행정기관 직위에서 저명한 과학자이자 전 세계적으로 상징적인 인물이 되기까지 열심히 노력해 나갔다. 가난한 사람 중에서도 가장 가난한 사람들을 돌보는 수녀로서 테레사 수녀는 전 세계에서 가장 유명한 여성 중 한 사람이 되었다. 이러한 유명한 인물들의 특성에는 높은 활동 정도와 같은 공통점이 있지만, 그들의 삶의 방식과 이야기의 다양성에는 분명한 차이가 있다. 몇몇 사례에서 역사적인 인물들은 초기 기억에서 두드러지는 특출한 개인적 특성을 보여 준다. 예를 들어, 토머스 제퍼슨의 초기 회상은 그의 삶에서 두드러졌던 장소와의 강한 친밀감을 묘사하고 있다.

토머스 제퍼슨의 삶과 초기 회상

토머스 제퍼슨은 1743년 봄에 버지니아주 섀드웰의 개척 농장에서 태어났다. 그는 두 살 때 50마일 떨어져 있는 터커호에 있는 커다란 농장으로 가족과 함께 이사했다.[3] 7년 후에 가족들은 나중에 그가 사랑하는 집을 지을 섀드웰로 다시 돌아왔다. 그는 그곳을 '몬티첼로(Monticello)'라고 이름 지었다. 젊었을 때 제퍼슨은 광대한 시골 지역을 구석구석 탐험했고, 동시에 고전적 교육의 혜택을 받았다. 총명하고 포용력이 넓은 마음으로 그의 학문적·실제적 연구는 농업, 고고학, 과학, 건축, 조경, 영농, 발명, 천문학, 철학,

식물학 등으로 광범위했다. 후에 영국군이 1781년에 '몬티첼로'를 점령하였을 때, 버지니아 주지사로서 그는 체포되는 것을 가까스로 모면했다.[4] 제퍼슨은 1776년 대륙회의의 일원으로 독립선언서의 초안을 작성할 때, 자신의 탁월한 언어 솜씨와 창조적인 에너지를 활용했다. 이어서 프랑스 공사로 재직할 때, 조지 워싱턴이 제퍼슨에게 미합중국 초대 국무장관이 되어 달라고 요청했다.

1796년 제퍼슨은 부통령이 되었고, 1801년에 미국 대통령으로 취임했다. 대통령 재임 시 제퍼슨은 프랑스로부터 루이지애나의 매입을 승인함으로써 서부로 확장하여 국가의 크기를 두 배 이상으로 늘렸다. 또 다른 주요한 업적으로, 그는 국가 채무를 1/3이나 줄였다.[5] 대통령으로서의 두 번째 임기를 마친 후에 제퍼슨은 몬티첼로로 은퇴하였고, 1826년 7월 4일 사망할 때까지 17년을 그곳에서 살았다. 몬티첼로에서의 은퇴 시기에 그는 딸 마사와 손자 손녀들과 함께 지내는 것을 즐겼다. 제퍼슨의 여섯 자녀 중 단지 두 명만이 성인이 될 때까지 살았고, 마사만이 제퍼슨보다 오래 살았다. 제퍼슨은 몬티첼로에서 매일 두 시간 말을 타는 것을 좋아했고, 그 밖에 독서, 영농, 편지 쓰기, 그의 토지에 시행된 추가 건설 공사의 감독 등 다양한 여러 활동을 하였다. 인류를 발전시키려는 절정의 노력으로, 제퍼슨은 버지니아 대학교의 설립과 설계에서 핵심적인 행정가이자 건축가 역할을 맡았다.

토머스 제퍼슨의 초기 기억 중 두 개가 그의 증손녀인 사라 랜돌프(Sarah Randolph)가 1871년에 쓴 『토머스 제퍼슨의 가정생활: 가족 편지와 추억담에서 편찬(The Domestic Life of Thomas Jefferson: Compiled from Family Letters and Reminiscences)』에 나타나 있다.[6] 제퍼슨의 직계 후손으로서 랜돌프는 제퍼슨의 기억의 중요한 요소들을 포착했다.

> **66**
>
> 토머스 제퍼슨은 그의 아버지가 터커호로 이사 갔을 때 두 살도 채 되지 않았지만, 그는 자신의 삶에서 가장 어린 시절의 기억은 그때 말을 타고 있던 하인에게 그가 넘겨져서 베개 위에서 그 하인에 의해 먼 거리를 이동한 것이라고 종종 말했다.[7]
>
> 그는 또한 나중에 다섯 살이 되었을 때, 어느 날 학교가 파할 때를 참지 못하고 집 뒤로 가서 무릎을 꿇고 앉아, 거기서 원하는 시간이 빨리 오기를 희망하며 주기도문을 계속 반복했다고 기억했다.[8]
>
> **99**

토머스 제퍼슨의 초기 회상의 해석

핵심 주제

내가 베개 기억(pillow recollection)이라고 지칭하는 토머스 제퍼슨의 초기 기억에서, 그가 베개 위에 놓이기 위해 하인의 품 안으로 들어 올려졌을 때, 삼림 지대를 가로질러 즐겁게 지나갈 것이라는 즉각적인 징조가 있다. 제퍼슨의 기억에서 숭고한 특성은 감동적인 시각적 이미지를 특징으로 한다. 작은 아이로서 그는 말 위에 있는 부드러운 베개에 앉아, 다른 사람의 품 안에 안겨 있다. 직관적으로 이 그림이 주는 인상은 자연환경 속에서 신선하고 활기를 주는 것처럼 보인다. 제퍼슨의 초기 기억에서 주제의 초점은 신나

지만 대체로 잘 알려지지 않은 여행을 시작할 때 느끼는 아름다움
과 경이로움을 인식하는 것을 시사한다. 그의 기억에는 베개의 품
격 있는 양식(樣式)과 안락함이 힘과 모험심을 불러일으키는 말[馬]
과 맞물려 우아함이 느껴진다. 한 사람이 제퍼슨을 들어 올려 다른
사람이 그를 받을 때, 이 상호작용은 보살핌과 안전함의 감정을 끌
어낸다.

　내가 기도 기억(prayer recollection)이라고 지칭하는 그다음 초기
기억은 베개 기억과 비교하여 제퍼슨에게 다른 환경 조건을 제시
했다. 동시에 두 기억에는 제퍼슨의 삶의 방식을 더욱 깊이 이해할
수 있게 해 주는 일치점이 있다. 기도 기억에서 제퍼슨은 혼자 노
력함으로써 지성을 발휘하여 자신을 유지하고 강화한다. 그 기억
에서 주제의 초점은 고통스러운 상황을 변화시킬 수 있다는 희망
으로 행동하는 것과 관련이 있다. 베개 기억의 풍요로운 환경과는
대조적으로, 기도 기억은 주로 제퍼슨의 전술적인 움직임과 내적
처리를 강조한다. 제퍼슨은 불리한 환경에서 벗어날 수 있도록 마
음의 힘을 사용한다. 베개 기억과 기도 기억은 총체적으로 제퍼슨
이 매력적이고 자극적인 경험을 추구하는 것으로 한데 모인다. 두
기억이 통합되는 또 다른 방식은 삶의 풍요로움과 미적 아름다움
에 관한 제퍼슨의 인식과 관련된다. 상황이 자신의 이상적 수준에
미치지 못할 때, 제퍼슨은 자신의 삶을 향상하는 방법을 찾고자 직
접 행동을 취하고 자신의 적극적인 마음에 의존하는 듯 보인다.

　제퍼슨의 초기 회상의 주제를 반영하듯이, 아름다움에 대한 감
상과 자극적 경험을 탐색할 때의 경이로움은 제퍼슨의 파란만장한
삶의 과정 동안 그에게 매우 익숙했다. 제퍼슨은 환경 조건을 개선
하고 개인적 발전을 향상하려고 조처할 준비가 되어 있었다. 이런

점에서 제퍼슨의 배움에 대한 호기심과 사랑은 그의 평생의 공부에서 분명했다. 대학생 시절 제퍼슨은 하루에 11시간 이상 규칙적으로 혼자 공부했다고 주장했다.[9] 제퍼슨은 언어, 식물과 화석, 별의 생성 그리고 그 밖의 수많은 지적·미학적 연구에 관한 지식을 완벽하게 습득하고자 끊임없이 갈망했다. 자기 계발을 위해, 그는 자신의 학문적 노력의 영역과 폭을 확장함으로써 경험의 신선함을 유지했다. 독립선언서를 작성하면서 제퍼슨은 고대부터 식민지 시대에 이르기까지의 사회 및 정치 사상에 대한 인식과 함께 자신의 엄청난 지적 능력을 발휘했다. 제퍼슨을 명성과 성취의 정점에 이르게 한 정부 직책에서 그는 끊임없이 자신의 깊이 있는 지식과 탐구적 갈망을 끌어냈다. 대통령으로서의 지도력으로 루이지애나를 매입하여 수백만 에이커에 이르는 때 묻지 않은 땅을 획득한 것은 새로운 국가를 위해 개척하고 개발하겠다는 그의 가장 큰 포부를 나타낸다.

성격 특성

활동 정도

1787년 딸 마사에게 보낸 편지에서 제퍼슨은 삶에서 활동과 참여의 중요성에 관해 썼다. "절대로 게으름을 피우지 않겠다고 결심해라. 시간을 낭비하지 않는 사람은 시간이 없다고 결코 불평하는 경우가 없다. 우리가 항상 뭔가 하고 있다면, 얼마나 많은 일을 할 수 있을지는 놀라운 일이다."[10] 초기 회상에서처럼, 제퍼슨은 자아실현을 향해 노력할 때, 목적의식과 높은 활동 정도를 유지했다. 성취를 지향하는 삶 속에서, 제퍼슨은 새벽에 일어나서 하루에 16시간 일한 것으로 알려졌다. 또 다른 습관으로, 제퍼슨은 친구, 친척 및 동료들과 약 18,000통에 달하는 서신을 주고받을 만큼 평생 편지 쓰는 습관을 유지했다.[11] 제퍼슨은 삶에서 다양한 안락함과 효율성을 즐겼지만, 자신의 능력을 키우고 잠재력을 극대화하는 데도 열정적이었다. 미국 대통령직을 마지막으로 20년이 넘는 그의 공직 근무 동안, 제퍼슨은 고결하고 높은 목표를 추구했지만, 또한 실용적이고 절제력이 있었다. 초기 기억에서처럼 그는 폭넓은 관점을 유지하면서도 동시에 복잡한 세부 사항에도 몰두했다. 예를 들어, 몬티첼로의 광범위한 지역을 설계하는 동안 제퍼슨은 농장에서 자라는 수천 개의 식물에 대한 세심한 자료를 보존했다.[12] 70대였던 몬티첼로에서의 은퇴 시기에조차도 제퍼슨은 버지니아 대학교를 설립하는 데 중요한 역할을 맡았다. 제퍼슨은 이러한 헌신으로 교수진을 선발하고, 학과 과정을 결정하고, 학생들의 행동과 관련된 규칙을 제정하는 것과 같은 세부 사항에 관여했다.[13]

사회적 관심

사회적 관심의 표현으로 제퍼슨은 뛰어난 공공 서비스를 통해 인류의 발전에 이바지했다. 베개 기억에서처럼, 제퍼슨은 다른 살아있는 존재와 자연의 표현에 친근감을 느꼈다. 미국 실험에서, 제퍼슨은 계몽된 정부와 사회를 통해 개인의 권리와 자유를 보호할 기회를 보았다. 도덕적 관점에서 제퍼슨은 사람의 행복은 대다수 개인의 일반적인 관심사를 통해 가장 잘 제공된다고 생각했다.[14] 제퍼슨이 다른 사람에게 느꼈던 연민은 특히 가족과 가까운 동료에게 보여 준 헌신, 애정 어린 돌봄과 배려에서 분명했다. 대조적으로 제퍼슨의 기도 기억에서 알 수 있듯이, 제퍼슨은 다른 사람에게서 떨어져서 혼자 활동하며 위안을 찾는 경향이 있었다. 이러한 경우에 제퍼슨은 공부와 개인적 성찰과 같은 기능을 통해 내적 삶의 방식에 몰두했다. 비록 제퍼슨이 인류가 실제로 필요한 것에 민감했지만, 그는 또한 어린 시절부터 노예를 개인적인 수행원으로 부리는 등 특권을 누리며 살았다.[15] 제퍼슨의 베개 기억에 대한 일부 이야기를 되돌아보면, 그가 터커호로 여행을 시작했을 때 노예들이 그를 편안하게 돌봐 주었다.[16] 제퍼슨은 성인이 되어서도 노예 소유주였으며, 노예들이 제공한 노동력이 그와 그의 가족이 귀족적인 생활을 누리는 데 이바지했다. 그러나 제퍼슨은 노예제도와 그 반인류적 위법성을 맹렬히 비난했다. 그러나 그 시대의 다른 대규모 농장주들과는 달리, 제퍼슨은 평생 자신의 노예를 해방하려고 조처하지 않았다. 동시에 버지니아주의 법과 생의 끝 무렵에 제퍼슨이 진 무거운 빚이 자신의 노예들을 해방하려는 전망을 복잡하게 만들었다.[17]

낙관주의/비관주의

제퍼슨의 초기 기억은 삶에 대한 낙관적인 전망을 반영한다. 베개 기억은 새로운 경험이 주는 자극과 편안함을 묘사하고, 본질적인 수준의 낙관론과 행복을 시사한다. 기도 기억에서 제퍼슨은 불쾌한 상황을 참아내기 위해 자신의 지적 능력을 이용한다. 제퍼슨의 낙관주의는 이상주의적 특성이 있었다. 그래서 현실이 그의 기대를 충족시키지 못했을 때, 그는 실망감을 최소화하고 더 마음에 드는 조건을 가져오기 위해 행동하거나 마음을 집중하는 경향이 있었다. 1787년 그의 딸 마사에게 쓴 편지에서 제퍼슨은 삶에서의 일과 행복 간의 관계에 관해 썼다. "항상 고용된 사람은 항상 행복하다. 이것은 더할 나위 없는 행복의 진정한 비결이자 위대한 요리법이다. 게으른 자만이 비참하다."[18] 제퍼슨은 세상이 삶의 즐거움에 이바지하면서, 어떻게 사람이 유용한 일을 하고 흥겨워할 수 있는 많은 방법을 제공하는지를 편지에 계속 써 나갔다. 두 번째 대통령 임기 말에 소진되었을 때와 같은 어려운 상황을 직면했을 때조차도 제퍼슨은 미래의 더욱 나은 시기에 대한 기대를 유지해 나갔다. 공직 생활을 마쳤을 때, 제퍼슨은 자신이 사랑했던 땅, 몬티첼로에서 가족과 함께 지내는 은퇴 생활을 기대했다. 그러나 몬티첼로로 돌아간 직후 제퍼슨은 농장이 심각한 빚더미에 있다는 것을 알게 되었다. 몬티첼로의 재정 상태를 개선하기 위해 제퍼슨은 자신의 개인 장서를 의회에 팔았지만, 이러한 과감하고 고통스러운 조치조차도 재정적 안정을 가져오지 못했다. 빚이 쌓이면서 생이 끝날 무렵, 제퍼슨은 자신의 가족을 위해 몬티첼로를 구하려는 마지막 노력으로, 일부 땅을 매각하기 위해 복권 발행을 승인했다.[19] 임박한 빚의 부담에도 불구하고, 제퍼슨은 매일 말을 타고, 정원을 가꾸고, 손주들과 놀면서 몬티첼로에서 가정의 평온을 찾을 수 있었다. 게다가, 생의 마지막 몇 년 동안에도 제퍼슨은 편지 쓰기를 계속했고 버지니아 대학교의 설립을 추구했다.

자기효능감

기도 기억에서 제퍼슨이 스트레스가 많은 사건에 대처할 때 자기효능감이 뚜렷하게 나타난다. 의도적으로 제퍼슨은 시간을 앞당기려고 노력함으로써 역경을 다스리는 데 개인적 통제력을 발휘한다. 긍정적인 상호작용을 경험하는 베개 기억과는 달리, 기도 기억에서 제퍼슨은 인지된 장애물을 극복하기 위해 창의적으로 자신의 내적 자원을 동원한다. 제퍼슨은 삶을 풍요롭게 하고 활기를 주는 경험을 높이 평가했고, 도전에 직면했을 때 그는 의도적으로 불리한 상황을 개선하려고 했다. 제퍼슨이 미적 아름다움으로 특정 지어진 생활환경에 둘러싸여 있는 것을 즐겼지만, 그는 또한 수많은 개인적 · 직업적 불행을 겪었다. 결혼 생활 내내, 가족 내에서 발생한 때 이른 죽음들이 제퍼슨의 세계와 인내하려는 그의 결심을 뒤흔들었다. 그는 사랑하는 아내 마사가 아이를 낳다 죽는 것을 속수무책으로 지켜보았다. 게다가 그의 여섯 명의 자녀 중에 다섯 명이 어린 나이에 죽었다. 정치적으로 제퍼슨은 20년 이상 국가의 최고위 공직에 있는 임기 동안의 고유한 고초와 문제를 다루었다. 미국 대통령으로서 두 번째 임기 동안 영국과 프랑스에 무역금수조치를 내린 제퍼슨의 결정은 매우 인기가 없었고, 그의 리더십을 약화했다.[20] 비록 그가 소진됨을 느꼈고 벅찬 국가적 책임에서 벗어나고 싶은 강한 열망을 표현했지만, 제퍼슨은 대통령으로서 두 번째 임기를 마칠 때까지 계속 의무를 감당했다. 그는 삶에서 인내하고 번성하기 위해 타고난 재능에서 끌어낼 수 있는 자신의 능력과 사람들의 능력을 믿었다. 1763년 존 페이지에게 쓴 편지에서, 제퍼슨은 "내가 믿는 완벽한 행복을 신이 세상에서 그의 피조물 중 어느 한 사람의 몫이 되도록 의도한 적이 결코 없었다는 것이다. 그러나 내가 확고하게 믿는 것은 신이 우리에게 그것에 가까이 근접할 힘을 줬다는 것이다."[21]라고 썼다.

성실성

기도 기억에서 제퍼슨은 학교가 파하는 시간을 앞당기기 위해 자신의 지적 능력을 이용한다. 이 경건한 행동을 통해, 제퍼슨은 스트레스가 많은 상황을 다루는 데 책임감 있고 계획적인 접근 방식을 보여 주었다. 성실성의 또 다른 측면으로서 제퍼슨은 자기 조절 활동으로 기억 속에서 주기도문을 되뇌는 것을 반복했다. 제퍼슨의 베개 기억은 그가 자신을 돌보는 사람들과 협력하는 데 책임이 있다는 정도로 성실성을 반영한다. 교육과 자기 계발에 평생 헌신하든, 공직에서 윤리적 원칙에 헌신하든, 가족과 친구들에게 헌신하든, 또는 충실하게 자주 부채를 갚든지 간에, 제퍼슨은 지속해서 의무와 책임을 끈기 있게 이행하였다. 동시에 제퍼슨이 본래 금융비용을 지고 있으면서도 멋진 삶을 추구했기에, 주기적으로 청구서를 제대로 갚지 못했다. 이 경우에 제퍼슨은 재정적 약속을 지키려고 애쓰면서도 계속해서 자신의 미적 감수성에 따라 행동하곤 했다. 베개 기억 속에 전형적으로 예시된 목가적인 삶은 생활 방식으로 유지하는 데 비용이 많이 들었고, 기도 기억 속에 내포된 개인적 자제력은 얼마 가지 않았다. 제퍼슨은 어디에 살든지 어느 정도 호화스러운 생활을 즐겼고, 때때로 그의 주거지에 아름다운 환경과 호화스러운 가구를 꾸미는 것이 그의 재정 재원을 초과했다. 대통령으로서 제퍼슨은 상당한 빚을 졌고, "빈손으로 깨끗하게 사무실을 떠나고 있다."[22]라고 말했다.

지각 양상

감각

제퍼슨의 초기 기억들은 시각, 청각, 촉각 양상을 포함한 다양한 감각 성향을 수반했다. 베개 기억에서 제퍼슨이 말을 타고 가기 위해 위로 들어 올려졌을 때, 시각과 촉각은 명백하다. 내부적 언어로 표현하는 것과 결부된 시각적 이미지가 제퍼슨의 기도 기억 속에 뚜렷하게 나타난다. 제퍼슨의 초기 회상에는 냄새나 미각 표현이 나타나지 않는다. 제퍼슨의 삶에서 그의 시각 능력은 독서, 건축, 조경 설계, 그리고 다양한 여러 활동을 하는 데 있어 매우 중요했다. 청각적 표현은 제퍼슨이 평생 바이올린 연주를 즐기고 자기 생각을 내적으로 처리하기 위해 혼자 시간을 보내는 성향에서 두드러졌다. 제퍼슨의 촉각 감각은 매일 말을 타고, 수천 권의 서적과 식물 종을 수집하고, 수천 통의 편지를 쓸 때 펜, 잉크와 종이를 조작하는 활동에서 두드러졌다.

색

제퍼슨은 초기 회상에서 색에 대해 언급하지 않았다. 비록 그가 자연과 인간의 노력에서 색을 인식했지만, 색은 제퍼슨이 삶에서 지향하는 바는 아니었다.

장소

제퍼슨의 초기 회상은 지각 양상으로서 장소의 중요성을 전형적으로 보여 준다. 제퍼슨의 기억에서 장소는 두드러지고 뚜렷하다. 베개 기억에서 삼림 지대라는 장소는 풍성하고 좋은 생각을 떠올리게 하며, 기도 기억은 제퍼슨이 마음을 적극적으로 집중하기 위해 고독한 장소를 찾을 수 있게 해 준다. 두 초기 기억에서 제퍼슨은 그의 감성을 완전히 사로잡는 장소와 정서적인 관계를 경험했다. 그는 삶에서 자신에게 영감을 주고 심미적 특성이 있는 특별한 환경을 동경하고 찾도록 자극하는 장소를 지향했다. 제퍼슨은 지구상의 어떤 다른 장소보다도 몬티첼로에서 휴식과 자기표현을 하며 삶을 향상하는 기회를 마음껏 누렸다. 제퍼슨이 오랫동안 몬티첼로를 떠나 있을 때, 그는 농장과 농장이 주는 집에 있는 것 같은 반향(反響)을 동경했다. 장소에 대한 이러한 감각은 제퍼슨이 몬티첼로에 대해 가진 깊은 애정에서 분명하게 나타났다. 그의 자연에 대한 열정과 사색적 성향으로 인해 버지니아의 농장은 그에게 이상적 장소를 제공했다. 몬티첼로에서 제퍼슨은 편안하면서도 우아한 양식으로 자연환경과 건축 환경을 모두 만들 수 있었다. 특히 거대한 정원과 웅장한 저택은 제퍼슨에게 끊임없이 흥미와 활동의 원천을 제공했다. 또한 장소 성향의 제퍼슨에게 물리적 영역의 중요성은 버지니아 대학교에 대한 그의 개념으로 결실을 보게 되었다. 제퍼슨은 나이 든 사람에게 활력을 불어넣는 방식으로 대학의 물리적 지형과 건축 설계를 개발하는 데 몰두했다.

대상

제퍼슨의 베개 기억에서 베개는 어린아이에게 안락한 물품으로 눈에 띈다. 살아있는 대상으로서 말은 제퍼슨이 80대까지 계속해서 즐겼던 이동수단이자 모험을 상징한다. 기도 기억에서 제퍼슨은 학교와 집에 대해 언급하고 있으나, 이러한 세부 사항들은 부차적·부수적 역할을 한다. 제퍼슨은 평생 실용적 기능을 수행하거나 편리함을 제공하는 물질적인 대상에 관심을 가졌다. 제퍼슨은 아름다움과 스타일이 내재하여 있을 때 그 대상에 훨씬 더 특별한 매력을 느꼈다. 아마도 제퍼슨이 수집했던 가장 우아하고 의미 있는 품목은 그의 소중한 책들일 것이다. 1815년 존 아담스에게 쓴 편지에서 제퍼슨은 "저는 제 책이 없이는 살 수 없습니다."[23]라고 썼다. 1776년에 제퍼슨은 숙련된 목수에게 책상을 만들어 달라고 의뢰했고, 독립선언문을 작성하는 동안 편안하게 앉을 수 있는 윈저 의자(등받이가 높은 나무 의자의 일종—역자 주)를 구했다.[24] 몬티첼로에서 대상 성향인 제퍼슨은 수천 개의 화석, 꽃, 식물 표본을 수집했다. 제퍼슨은 또한 날씨를 측정하기 위한 정교한 기구들과 오늘날까지도 여전히 대저택의 현관 홀에 자리잡고 있는 복잡한 시계를 만들었다.

알버트 아인슈타인의 생애와 초기 회상

알버트 아인슈타인은 1879년에 태어나 독일 남부의 뮌헨에서 자랐다. 대학을 졸업한 후 그는 스위스 특허사무소에서 특허 사무원으로 일했다. 7년간 비교적 뚜렷하지 않은 이 직위에서 근무하는 동안, 아인슈타인은 근무 시간보다 훨씬 더 많은 시간을 이론 물리학에 관한 연구에 바쳤다. 탁월한 지적 노력으로 그는 상대성 이론에 관한 논문을 포함하여 여러 편의 획기적인 논문을 썼다.[25] 그에 대한 과학적 찬사가 늘어나자, 그는 특허청을 떠나 자신이 박사 학위를 받은 취리히 대학교의 교수직을 수락했다. 아인슈타인은 자신의 경력 내내 문제 해결을 위해 어린아이 같은 경외심과 경이로움으로 과학 탐구에 대한 열정을 보여 주었다.[26] 두 남자아이의 아버지로서, 1913년 아인슈타인은 베를린 대학교 교수라는 권위 있는 자리에 초빙되었다.

그 후 20년 동안 아인슈타인은 일반 상대성 이론과 인기 있는 저술을 비롯하여 그의 혁신적인 이론들로 전 세계적으로 유명해졌다. 그는 1919년에 첫 번째 아내와 이혼했고, 같은 해에 두번째 아내와 재혼했다. 아인슈타인은 1923년에 노벨상을 받기 위해 스톡홀름으로 여행을 할 때 그의 과학적 업적에 대해 인정을 받았다. 아인슈타인의 명성이 높아지면서, 사람들은 그의 대단히 뛰어난 지성, 겸손한 태도와 어리벙벙한 초연함에 매료되었다. 유럽에 전쟁의 위협이 임박하자, 아인슈타인은 미국의 이주하여 프린스턴 대학교 고등연구소에서 근무하기 시작했다. 아인슈타인은 말년에 억압적인 인간 환경에 맞서 목소리를 내고, 사회 정의와 시민의 자유를 포함한 대의를 추구하는 데 헌신했다.[27] 그는 1955년 세상을 떠날 때까지 세계적으로 유명한 인물로 프린스턴 대학교에 머물렀다.

　표현에 약간의 차이가 있지만, 몇몇 출판된 이야기들이 아인슈타인의 어린 시절의 초기 기억을 묘사하고 있다. 자신의 자서전적 기록에서 아인슈타인은 다음과 같은 초기 회상을 말했다.

"

　아버지가 제게 나침반을 보여 주셨을 때, 네다섯 살 어린아이로서 저는 자연의 경이로움을 경험했습니다. 이 바늘은 현상의 본질과는 전혀 맞지 않는 그런 결정적인 방식으로 움직였고, 그것은 무의식적 개념의 세계에 자리 잡을 수 있었습니다(직접적인 '접촉'과 관련된 효과). 저는 여전히 이 경험이 저에게 깊고 지속적인 인상을 심어 주었다는 것을 기억할 수 있습니다—또는 적어도 저는 기억할 수 있다고 믿습니다.[28]

"

알버트 아인슈타인의 초기 회상의 해석

핵심 주제

알버트 아인슈타인은 초기 기억에서 예기치 못한 나침반의 움직임에 경외심과 경이로움을 느낀다. 그의 기억에는 자연 현상에 관한 신비로움과 호기심이 담겨 있다. 나침반 바늘이 삶의 물리적 영역에서 현상들이 일어나야 하는 방식과 부합하지 않는다는 것은 아인슈타인에게는 불가사의한 일이었다. 자연 상태를 관찰하고 나서 그는 당혹감을 느꼈지만, 매우 흥미를 느꼈다. 아인슈타인의 초기 회상의 주제는 발견의 기쁨 및 상상력의 힘과 관련이 있다. 아인슈타인에게는 왜 나침반 바늘이 북쪽을 가리키는지에 관한 참신한 아이디어와 자기장에 대한 의문은 열정과 창의력으로 추구해야 할 도전이었다.[29]

아인슈타인의 지적이고 전문가적인 삶의 다양한 측면들이 초기 회상의 핵심 주제에 반영되어 있다. 다른 많은 과학자와 마찬가지로, 그는 복잡한 문제들을 해결하고자 하는 호기심과 열의를 보여 주었다. 평생 아인슈타인은 존재의 수수께끼를 풀려고 노력하면서 어린아이 같은 기쁨과 심지어는 황홀감을 경험했다. 이런 점에서 아인슈타인은 "우리가 겪을 수 있는 가장 아름다운 경험은 신비스러움이다. 그것은 진정한 예술과 진정한 과학의 요람에 서 있는 근본적인 감정이다."[30]라고 썼다. 아인슈타인은 과학 이론화와 자신의 상상력을 사로잡는 도전적 프로젝트에서 기쁨을 찾는 능력이 있었다. 그의 상대성 이론은 물리학의 세계에서 획기적이었으며, 평생 통일된 장(場)이론을 발견하려는 그의 노력은 수그러들지 않았다. 아인슈타인은 다른 사람들이 당연시하거나 그냥 간과하곤 했던 삶의 경험과 사건에 종종 놀라곤 했다. 초기 어린 시절의 기억에서 보여 주었듯이, 그는 또한 흥미진진한 일에 완전히 몰입하고 외부 환경이 집중을 방해하는 것을 피하는 능력도 있었다.

성격 특성

활동 정도

아인슈타인은 생애 대부분 동안 자신의 거대한 마음을 사로잡을 수 있는 자극적 도전과 기회를 추구했다. 초기 회상에서 그랬듯이, 아인슈타인은 끊임없이 자신이 매혹적이라고 생각하는 일이나 퍼즐에 계속 매달리는 것처럼 보였다. 이런 점에서 그는 "인생은 자전거를 타는 것과 같다. 균형을 유지하기 위해서 당신은 계속 움직여야 한다."[31]라고 썼다. 높은 수준의 활동을 보여주면서, 아인슈타인은 과학적 사고에 대한 열정을 일상의 활동 및 관심과 자주 섞었다. 한 예로, 공상이나 이론적 사고 속으로 물러날 때, 그는 혼자 몇 시간 동안 작은 배를 타고 목적 없이 항해하는 것을 즐겼다.[32] 비록 아인슈타인의 잘난 체하지 않는 초연함과 태도가 평온한 삶의 방식을 보여 주었지만, 수십 년 동안 그는 연구, 글쓰기, 공적 행사 등의 고된 일정을 유지했다. 획기적인 이론을 개발하던 그의 학문 경력의 초기에 그는 강의하는 것을 중단하고, 식사를 거르며, 밤에 몇 시간밖에 자지 못했다. 이러한 가혹한 식사 습관과 기진맥진하게 만드는 속도의 결과로, 그는 위궤양에 걸렸고 오랫동안 우울증을 앓았다.[33] 대조적으로, 그는 삶에서 자전거 타기, 산책하기,

영화 보기와 같은 단순한 활동의 진가를 알아봤다. 그러나 그는 종
종 과학적 사명을 수반하는 더 큰 목적을 가진 목표에 우선순위를
부여했다. 심지어 생애의 마지막 순간에도 아인슈타인은 그의 침
대 옆에 두었던 노트에 장 방정식을 휘갈겨 썼다.[34]

사회적 관심

초기 기억의 맥락과 비슷하게, 아인슈타인은 다른 사람으로부터
자신을 분리하여 혼자만의 활동을 추구하는 경향이 있었다. 그러
나 그는 또한 지적 자극과 사회적 활동에서 동료애를 즐겼다. 그는
자신의 주된 관심사가 과학적 노력의 객관적 영역에 있지만, 자신
과 가까운 사람들의 감정과 어려움을 공감하는 능력은 그다지 강
하지 않다는 점을 인정했다. 동시에 아인슈타인은 인류와 친밀한
유대감을 느꼈고, 일반 대중의 욕구에 민감했다. 그는 도덕의 토대
가 이기적 관심사를 초월하여 다른 사람에게 도움이 되는 방식으
로 사는 것으로 생각했다. 도덕적 삶을 위한 길로써, 아인슈타인은
"자기 자신을 위해서는 조금만 쓰고, 다른 사람에게 많이 주라."[35]
라고 썼다. 사회적 관심에 내재하여 있는 소속감과 정서적 유대감
을 정확히 포착한 논평에서, 아인슈타인은 "한 사회에 사는 사람들
은 서로의 눈을 바라보는 것을 즐기고, 문제를 공유하며, 자신들에
게 중요한 일에 노력을 집중하고 이것이 즐겁다고 깨닫는다. 이들
은 충실한 삶을 영위한다."[36]라고 언급했다. 아인슈타인은 종종 자
신의 글과 개인적 활동을 통해 사람에 대한 연민과 관용을 표현했
다. 그는 자신의 명성을 억압적 인간 환경에 맞서고, 사회 정의와
개인의 자유를 위해 노력하는 것의 중요성을 공개적으로 발언하기
위한 발판으로 이용했다.

낙관주의/비관주의

1949년에 그의 친구이자 동료 물리학자인 맥스 본(Max Born)에게 쓴 편지에서 아인슈타인은 자신의 기질에 대해 직접 말했다. 그 편지는 아이슈타인의 초기 기억에서 뚜렷하게 드러난 삶에 대한 낙관적인 전망을 전한다. "나는 그저 모든 면에서 받는 것 이상으로 주는 것을 즐기고, 나 자신이나 대중의 행위를 심각하게 여기지 않으며, 나의 약점과 결점을 부끄러워하지 않으며, 모든 것을 침착하고 유머스럽게 있는 그대로 자연스럽게 받아 들인다."[37] 아인슈타인이 삶에 대한 관대하고 가벼운 접근으로 자신의 약점을 기꺼이 인정하기에 그의 낙관주의는 분명하다. 그러나 아인슈타인이 이 자기 성격묘사(self-characterization)에서 강조하지 않은 것은 그에게 즐거움과 성취감을 가져다주는 창의적이고 몰입할 수 있는 과제를 찾는 그의 지속적 패턴이었다. 초기 회상에서처럼 아인슈타인은 자극적이고 도전적인 일을 할 때 가장 만족스러워 보였다. 아인슈타인은 삶에 대한 열정을 지니고 있었고, 이 열정이 단순한 활동과 장기간에 걸친 중요한 프로젝트와 문제에서 만족감과 의미를 찾을 수 있게 해 주었다. 예를 들어, 아인슈타인은 복잡한 지적 노력을 기울였던 수십 년 동안 취미로 퍼즐을 푸는 시각적인 일을 즐겼다.

자기효능감

아인슈타인은 초기 기억에서 나침반 바늘의 움직임에 흥미로움과 당혹감을 느꼈지만, 여전히 그 기구의 작동을 이해하려는 노력을 지속한다. 평생 그는 높은 지적 목표를 세웠고, 어렵고 자극적인 도전을 극복하는 데 전념했다. 그는 자신의 능력을 믿었고, 장애물을 인지했음에도 불구하고 계속 인내하는 경향이 있었다. 예를 들어, 대학을 졸업한 후 아인슈타인은 직장을 구하는 데 어려움을 겪었고, 말단 자리를 받아들였다. 낮에 스위스 특허사무소 직원으로 7년 동안 일하면서, 아인슈타인은 저녁과 주말 동안 자신을 대학교수로 임명되게 한 유명한 과학 논문들을 작성했다. 아인슈타인은 주로 독자적으로 노력하고 다른 학자들로부터는 최소한의 격려만을 받으며, 저명한 과학자로서의 명성을 확립하기 위해 끈질겼다. 도전적 과제나 책임에 접근할 때, 아인슈타인은 개인적으로 그것에서 벗어나거나 기분 전환을 함으로써 스트레스를 관리했다. 수십 년에 걸친 힘든 연구와 과학계의 강력한 비판이 있고 난 뒤에도 그는 우주의 모든 법칙을 통합하는 이론을 발견하겠다는 자신의 목표를 포기하지 않았다. 그러나 그의 결단력과 노력에도 불구하고 이러한 시도는 결국 실패로 끝나곤 했다.

성실성

초기 회상에서 뚜렷하게 나타난 강렬함으로 아인슈타인은 과학 문제를 해결하고 삶에 변화를 주려고 노력하는 데 부지런하고 자기 수양이 되어 있었다. 물리학자로서 그는 어마어마하게 복잡한 질문들에 관한 답을 찾는 데 전념했다. 아인슈타인에게 일은 삶의 본질과 의미를 찾는 것일 뿐만이 아니라, 삶의 다른 측면에서 어려움으로부터 스스로 벗어나는 수단에 해당했다. 이런 점에서 아인슈타인은 "온갖 종류의 삶의 고난을 통해 나를 인도할 엄격한 천사들을 끊임없이 강화하며, 활발한 지적 활동과 신의 본성을 바라보는 것은 조화를 이룬다."[38]라고 썼다. 역경과 슬픔에 직면했을 때, 아인슈타인은 자신의 과학적 연구에서 안도와 위안을 얻곤 했다.

동시에 지적 사명에 대한 아인슈타인의 끈기는 가족 구성원에 대한 그의 약속과 사회적 관례와 상충할 수 있었다. 예를 들어, 아인슈타인이 두 자녀에게 다정한 아버지였지만, 그의 직업 일정과 혼자서 개인적으로 기분 전환하는 것은 가족 구성원에게 육체적·정서적으로 접근하는 것을 제한했다.

지각 양상

감각

알버트 아인슈타인의 시각 감각은 다른 감각 양식과 비교하면 초기 회상에서 지배적이다. 그의 삶에서 시각적 이미지와 정신적 심상은 그의 사고 과정에 내재하여 있다. 그가 50세가 되기 직전에 한 인터뷰에서, 시각 성향인 아인슈타인은 "저는 거의 말로 생각하지 않습니다. 생각이 떠오르면, 나중에 말로 표현하려고 할지도 모릅니다."[39]라고 언급했다. 아인슈타인의 시각적 사고의 본질적인 측면은 그의 상상력과 관련되어 있다. 초기 기억에서 바늘을 움직이는 자연의 힘을 시각화한 것과 비슷하게, 아인슈타인은 그의 사고(思考) 실험에서 낙하하는 엘리베이터, 번개, 움직이는 기차를 상상했다. 그러한 연구에 참여하면서 아인슈타인은 상상력의 힘을 통해 창의적으로 자신의 사고 능력을 확장했다. 이런 점에서 아인슈타인은 "상상력이 지식보다 더 중요하다. 지식은 한정되어 있다. 상상력은 세상을 둘러싸고 있다."[40]라고 말했다. 수학 공식을 이해할 때도, 아인슈타인은 추상적 개념 대신에 물리적 현실과 내용을 시각화할 수 있었다. 시각 이외의 감각들과 관련하여, 아인슈타인의 초기 회상은 침묵 속에서 일어나며, 이는 그의 청각 채널이 크게 두드러지지 않음을 암시한다. 동시에 아인슈타인은 음악을 사랑했고, 말년에 바이올린 연주를 즐겼다. 그의 첫 기억에서 아인슈타인은 나침반을 만지고, 물리학자로서 과학 기구들과 자주 접촉했다. 그의 초기 회상에서 후각과 미각에 대한 표현이 없는데. 이는 이러한 양상들은 그가 삶에서 지향하는 바가 아니었기 때문이다.

색

아인슈타인의 초기 기억에는 색이 없다. 왜냐하면, 그는 예술가의 특별한 감수성을 드러내지 않았기 때문이다. 하지만 아인슈타인은 자신의 우아한 과학 이론화에서, 그리고 삶에 대한 접근에 있어 본질적인 단순함으로 아름다움(美)을 높이 평가했다.

장소

아인슈타인의 초기 기억에서 장소는 불분명하고 다소 부수적이다. 장소의 이차적 속성은 아인슈타인이 자신의 물리적·사회적 환경에서 벗어나려는 경향을 암시한다. 그의 삶에서 만족감과 행복감은 특정한 장소보다 풍부한 내적 참여가 더 연관이 있는 듯이 보였다. 이 점에서 아인슈타인은 "나는 진정으로 '외로운 여행자'이다. 나의 조국, 내 집, 나의 친구들 또는 심지어 나의 직계 가족에 진심으로 속해 본 적이 없었다. 이러한 모든 유대 관계에서, 나는 거리감과 고독감의 필요성을 절대 잃지 않았다."[41]라고 말했다.

대상

초기 기억에서 아인슈타인이 나침반이 신비롭게 작동하는 것에 마음이 사로잡혔을 때, 나침반은 눈에 띄고 뚜렷하다. 아인슈타인이 나침반의 작동을 설명했을 때, 물리적 특성보다는 오히려 그 기능의 매력에 관해 주로 말했다. 비슷한 방식으로, 아인슈타인은 일생 자신의 지성과 열정을 완전히 사로잡고 관심을 끄는 대상이나 물건에 가장 큰 만족감을 느꼈다. 그것이 퍼즐이든 작은 범선이든 바이올린이든 또는 과학 도구든 간에, 아인슈타인은 단순지만, 마음을 사로잡는 대상에 자연히 끌렸다. 그는 또한 자신의 자유를 제한하거나 과도한 편안함과 안주함을 유발할 수 있는 과도한 소유물과 물질을 얻는 것을 싫어하는 듯이 보였다. 구속적이고 제한적인 대상을 피하고 싶은 이러한 욕구의 한 작은 예는 아인슈타인이 양말을 신지 않는 것을 선호했던 점이다.

테레사 수녀의 삶과 초기 회상

아그네스 곤자는 세르비아의 스코페에서 1910년에 태어났다. 수십 년 후에 그녀는 칭송을 받는 테레사 수녀가 되었다. 세 명의 아이 중 막내로, 아그네스는 가난하고 불행한 사람들을 위해 연민과 자선을 조성하는 가정과 교구 공동체에서 자랐다.[42] 1928년에 로레토 수녀회에 들어갔으며, 1년 뒤 콜카타에 도착해서 인도 수녀원에서 살았다. 2년이 못 되어 그녀는 로마 가톨릭교회에서 로레토의 한 수녀로서 가난, 정절, 복종에 대한 종교적 서약을 공언했다. 학교 교사로 주로 봉사하면서, 테레사 수녀는 종교적 소명에 헌신했다. 그러나 그녀가 1946년 기차 여행 중 콜카타의 빈민가에서 가난한 자 중에서도 가장 가난한 사람들과 함께 살며 그들을

위해 봉사하라는 하느님의 부르심을 들었을 때, 모든 것이 갑자기
바뀌었다.[43] 자원이 부족하고 빈곤한 환경 아래서, 테레사 수녀는
1950년 바티칸으로부터 사랑의 선교수녀회 설립을 승인받았다.
종교 단체의 창립자이자 열 명의 수녀로 구성된 소집단의 종교 지
도자로서, 그녀는 마더 테레사가 되었다. 사회로부터 버림받은 사
람과 살기로 신중한 선택을 한 수녀들이 병자를 간호하고, 죽어가
는 사람을 돌보고, 버림받은 사람들을 돕는 무료 봉사를 했다.[44]

  수년에 걸쳐 테레사 수녀는 삶의 한계에 처한 더 많은 사람에게
봉사하려는 희망으로 수녀회의 임무를 확장했다. 나병으로 고통받
는 사람들, 그리고 나중에는 에이즈 환자들이 그녀와 선교수녀회
의 특별한 관심사였다.[45] 동시에 테레사 수녀는 겸손하고 가식이
없는 태도와 더불어 빈곤층에 대한 헌신으로 대중적인 인정을 받
고 있었다. 수녀회는 카라카스, 멜버른, 런던, 로마 및 뉴욕의 선교
거점들을 포함하여 전 세계적으로 확장되었다.[46] 테레사 수녀의
명성이 계속 높아져 가면서, 수백 명의 자매와 형제들이 이 임무에
참여하여 수녀회는 번성했다. 1979년 그녀는 '환영받지 못하는, 사
랑받지 못하는, 그리고 보살핌을 못 받는'[47] 사람들과 함께한 공로
로 오슬로에서 노벨평화상을 받았다. 비록 테레사 수녀가 영적 공
동체의 수장이었지만, 그녀는 짓밟히고 힘이 없는 사람들을 개인
적으로 돌보는 일상의 책무를 계속해 나갔다. 버려진 아기를 안고,
죽어 가는 사람의 상처를 치료하고, 심지어는 화장실을 청소하는
일이 테레사 수녀에게 매우 익숙한 일이었다. 병원에 입원해야 하
는 심장 질환으로 고통을 겪고 자신의 영적 삶에서 믿음의 위기를
겪었지만, 테레사 수녀는 전 세계적인 이동, 개인적 출연(出演), 그
리고 행정적 책임을 포함한 고단한 걸음을 계속해 나갔다. 여러 해

동안 그녀는 빈번하게 오는 편지에 짧은 메모와 편지로 개인적으로 응답했다. 자신의 건강이 나빠졌지만 테레사 수녀는 80대까지 일을 계속했고, 심장마비로 1997년에 사망했다.[48]

소집단에서 한 개인이 하는 비판이 주는 독성과 전염 효과를 논의하는 맥락에서, 테레사 수녀는 다음과 같은 초기 기억을 회상한다. "우리가 작은 아이였을 때, 어머니는 우리에게 나쁜 친구가 하는 일을 가르치고 싶어했습니다. 그래서 어머니는 사과 한 바구니를 사서, 의도적으로 나쁜 사과 한 개를 사과들 속에 넣어 놓았습니다. 며칠 후 어머니는 바구니 주위로 우리를 불러 모았고, 우리는 며칠 전에는 아름다웠던 사과들이 모두 나빠진 것을 보았습니다. 그런 후 어머니는 어떻게 한 개의 안 좋은 사과가 다른 모든 사과를 오염시키는지를 설명했습니다. 마찬가지로 나쁜 친구는 다른 사람들에게 해를 끼칠 수 있습니다."[49]

테레사 수녀의 초기 회상의 해석

핵심 주제

사귀는 친구의 중요성에 관해 어머니가 교훈적인 말을 하는 것을 테레사 수녀가 골똘히 듣고 있기에, 그녀의 초기 기억에는 솔직하고 도덕적인 어조가 담겨 있다. 그녀의 어머니는 가족을 불러 모아 아름다운 것이 얼마나 빨리 해로운 영향으로 인해 부패할 수 있는지를 보여 주었다. 그녀의 초기 회상의 핵심 주제는 헌신적인 가족 리더가 전하는 영적인 삶의 교훈을 강조한다. 테레사 수녀는 며칠 동안 일어난 일련의 사건들에 매료되었다. 그 기억은 또한 신앙 과 도덕적 감수성의 발달에 도움이 된 환경을 조성하는 데 있어서 그녀의 밀접하게 결합된 가정생활을 이해할 수 있게 도왔다.[50]

테레사 수녀의 초기 기억의 핵심 주제는 그녀의 영적인 삶과 인 류에 대한 봉사의 측면을 반영한다. 초기 기억에서 자신의 어머니 가 했던 것처럼, 그녀는 신앙 공동체의 수장으로서의 책임을 떠맡 았다. 비록 그녀의 어머니에 비해 훨씬 더 폭넓은 규모로 사도(使 徒) 기능을 확장했지만, 그녀는 권위 있는 인물로서 비슷한 역할을 유지했다. 그 기억의 독실하고 경건한 특성은 그녀가 60년 이상 종 교적 소명에 헌신한 데에서 분명히 나타난다. 초기 기억에서 테레 사 수녀가 도덕적 교훈에 영향을 받았던 것과 마찬가지로, 그녀는 진심으로 보살핌과 친절의 삶을 사는 것의 가치를 가르치려고 했 다. 테레사 수녀는 가장 외롭고 궁핍한 사람들에게서 아름다움과 잠재력을 보았고, 가난한 사람들에 대한 사랑과 관용의 부족한 것 이 모든 사람의 영적인 삶과 공동체 생활을 오염시킨다고 깊게 믿 었다.

성격 특성

활동 정도

삶의 대부분을 수녀원에서 보내면서, 테레사 수녀는 높은 활동 정도, 인류에 대한 헌신과 영적인 삶을 보여 주었다. 수십 년 동안 그녀는 매일 4시 40분에 일어나 아침 기도와 예배실을 가는 것으 로 하루를 시작했다. 극빈자를 도울 때 문제 해결에 초점을 맞추면 서, 당장에 해결해야 할 강력한 요구들이 과거나 심지어 미래에 대해 지나치게 걱정하기보다는 오히려 그녀의 관심을 현재에 집중하게 했다.[51] 초기 기억 속의 신중한 행동과 일관되게, 테레사 수녀는 자신이 아주 작은 세부 사항에까지 주의와 관심을 기울여 성취했던 간단한 일들을 강조했다. 그녀는 실질적 도움, 애정 및 조언을 제공하거나 미소를 보이는 자신의 겸허한 행동을 사회에서 버림받은 사람에게 사랑의 행위를 전하는 기회로 보았다. 이런 점에서 테레사 수녀는 "큰 것을 바라지 말고, 단지 큰 사랑으로 작은 것들을 하세요."[52]라고 말한다. 테레사 수녀가 유명해진 후, 그녀는 세계적인 빈곤 문제에 대해 정치적이고 체계적인 해결책을 더 추구하지 않는다고 비판을 받았다. 그러나 그녀는 자신의 강점과 타고난 능력이 개개인의 고통받는 사람의 필요를 충족시키는 영역에 더 있다는 것을 깨달았다. 국제적 조직의 수장으로서 테레사 수녀는 의무적인 여행, 공적인 행사 출연, 사랑의 선교수녀회의 종교인들과 대면 회의에 많은 시간을 소비했다. 직접적인 개인적 접촉에서, 테레사 수녀는 각 개인에게서 그리스도의 신성한 헌신을 보았다. 푸른 줄무늬가 있는 평범한 흰색 사리를 입은 그녀의 강한 턱과 풍화된 얼굴은 기쁨, 활력과 평화로움을 발산했다.

사회적 관심

초기 기억 속의 도덕적 주제와 소속감에 부합하는 목적 있는 삶을 통해, 사회 소외 계층에 대한 테레사 수녀의 연민은 가난한 사람 중에서도 가장 가난한 사람들에 대한 그녀의 봉사에서 가장 완전하게 표현되었다. 공동체에 소속되고자 하는 욕구와 함께, 그녀의 공감적인 삶의 방식은 높은 수준의 사회적 관심을 전형적으로 보여 주었다. 사랑하고 사랑받아야 할 필요성은 테레사 수녀의 천성과 인류에 대한 그녀의 친밀감에 내재하여 있다. 이에 대해 테레사 수녀는 "버림받는 것은 끔찍한 빈곤이다. 곳곳에 가난한 사람들이 있지만, 가장 극심한 빈곤은 사랑받지 못하는 것이다."[53]라고 말한다. 버림받고 궁핍한 사람에게 봉사하려는 테레사 수녀의 노력은 그녀에게 세상에서 가장 절망적이고 궁핍한 상황에서 사는 사람들을 만나게 했다. 그녀는 또한 빈곤에 대한 자신의 시각을 넓혀서, 더 부유한 나라에서 일어나는 경향이 있는 영적 공허함과 사랑에 대한 굶주림을 포함했다. 물질적·사회적·정신적 빈곤의 광대한 차원을 다루려고 하면서, 테레사 수녀는 전 세계에 걸쳐 사랑의 선교수녀회 활동 범위를 확장했다. 비록 그녀의 노력이 도전적이고 힘들었지만, 그녀는 또한 고통받는 사람을 지원하는 데에서 만족감과 의미를 경험했다. 다른 사람을 돕는 것에 대해서 테레사 수녀는 "남에게 베푸는 것을 절대 두려워하지 말라. 베푸는 것에는 깊은 기쁨이 있다. 우리가 주는 것이 받는 것보다 훨씬 더 많기 때문이다."[54]라고 언급했다.

낙관주의/비관주의

성인기 대부분의 삶에서 테레사 수녀는 억압적인 환경 조건과 인간의 끊임없는 타락을 목격했다. 하지만 매일 마주친 벅찬 어려움에도 불구하고, 테레사 수녀는 자신의 신성한 임무의 중압감으로 낙담하거나 압도당하지 않았다. 대신에 그녀는 늘 그렇듯이 열정과 환한 미소를 지으며 봉사 활동에 나섰다. 동시에 테레사 수녀는 즐겁고 낙관적인 전망을 유지하기 위해 신중하고 신앙심이 깊은 노력을 기울였다. 그녀의 초기 기억에서 강조점이었던 사람들이 서로에게 영향을 미칠 가능성이 있다는 점을 상기하며, 테레사 수녀는 "기쁨은 전염성이 매우 강하다. 그러므로 당신이 어디를 가든 항상 기쁨으로 넘치도록 노력하라."[55]라고 말한다. 테레사 수녀가 기쁨이 단순히 기질의 문제가 아니며 기쁨을 계속해서 유지하는 것이 어렵다는 것을 깨달았지만, 그녀는 삶에서 기쁨의 감각을 키우려고 노력하는 것이 필수적이라고 생각했다. 수십 년 동안 테레사 수녀는 일의 의미와 가치, 그리고 하느님의 존재에 관해 고뇌에 찬 의구심을 경험했던 신앙의 위기를 견뎌 냈다.[56] 이 내면의 어둠과 영적 건조함이 그녀에게 매우 고통스러웠지만, 그녀는 외견상 낙관주의와 삶에 대한 열정을 계속해서 표현했다. 테레사 수녀는 전 세계에 걸쳐 사랑의 선교수녀회의 종교 및 자선 활동의 확대를 끈질기게 추진하면서, 성공을 지속해서 기대했다. 그녀의 낙관주의는 또한 열심히 일하고자 하는 의지와 사회에 의해 버림받은 사람을 도우려고 할 때의 강한 현실감에 의해 힘을 얻었다.

자기효능감

성공을 기대하고 역경을 극복하고자 시도하는 것은 테레사 수녀의 삶의 방식을 상징했다. 초기 회상의 주제와 비슷하게, 그녀는 자신과 다른 사람에게 큰 기대를 걸었다. 일단 그녀는 행동 방침을 정하면, 불굴의 결단력으로 자신의 약속을 끝까지 완수하곤 했다. 1948년에 테레사 수녀가 콜카타에서 자신의 임무를 시작했을 때, 그녀는 얼마 안 되는 돈으로 혼자서 도시 빈민가로 들어갔다.[57] 사랑의 선교수녀회가 임무를 확대하려고 할 때, 테레사 수녀는 정기적으로 재정적이고 관료주의적인 도전에 직면했다. 이에 대응하여 이 아주 작은 수녀는 계속해서 빈곤층에게 봉사하고자 자신이 추구하는 것을 방해하는 강력한 정치 지도자와 기관 지도자 및 장애물에 맞섰다. 1950년대에 시작해서 거의 30년 동안 계속해서, 테레사 수녀는 자기 삶의 목적과 그리스도와의 관계와 관련된 고통스러운 생각들을 경험했다. 그녀는 자신의 신앙에 대해 끊임없는 의심을 하며 극심한 고통을 겪었다.[58] 그러나 이 암울한 기간 내내 테레사 수녀는 빈곤층에 대한 봉사에 집중했고, 혼란과 좌절에 굴복하지 않았다. 그녀는 또한 종교 지도자들로부터 조언을 구하고 끊임없는 기도 활동도 하며 스트레스를 해소했다. 테레사 수녀는 또한 겸손하고 자기를 내세우지 않는 태도와 함께 유머 감각이 뛰어났다.

성실성

겸손함과 꾸준한 근면함으로, 테레사 수녀는 오랫동안 삶의 어려움에 부닥친 사람들에게 지칠 줄 모르게 봉사했다. 비록 테레사 수녀가 자신의 업적에 대해 좀처럼 인정을 받지 못했지만, 그녀의 끈기와 책임감은 가난한 사람에게 도움을 주었고 수많은 사람이 가난하고 버려진 사람에게 좀 더 민감해지도록 고무시켰다. 초기 회상에서 나타난 도덕적·사도적 초점을 반영하여, 테레사 수녀의 근면성과 영감을 주는 능력은 사랑의 선교수녀회 형성과 수천 명의 종교 및 자원 봉사자 모집에 이바지했다. 높은 수준의 성실성을 보인 그녀는 항상 개인을 돕는 데 실질적인 초점을 맞추었다. 예를 들어, 무료 급식소, 보육원, 에이즈 호스피스 병원과 같은 필수적 지원 시설이 사랑의 선교수녀회에 의해 설립되었다. 하지만 수녀회의 조직 구조가 전 세계로 확대되었지만, 테레사 수녀는 대면 접촉을 계속해 나가려 했다. 초기 기억에서 나타난 대인관계 교류와 비슷하게, 수녀회의 성직자들에게 개인적·영적 조언을 제공

1992년 12월 1일
사랑의 선교수녀회
54A, A J C Bose Road
인도 콜카타 700016

아서 클락 씨에게

당신의 편지에 감사드립니다.

저는 사람들이 하느님을 알게 되고, 그를 사랑하고, 그를 섬기기를 몹시 바랍니다. 왜냐하면, 그것이 진정한 행복이기 때문입니다. 그리고 제가 가진 것을 세상의 모든 사람이 가졌으면 합니다. 하지만 그것은 그들의 선택입니다. 만약 그들이 빛을 봤다면 그들은 그것을 따라갈 수 있습니다. 나는 그들에게 빛을 줄 수는 없습니다. 나는 단지 수단만 줄 수 있습니다.

저희의 일이 가장 가난한 사람 중에서도 가장 가난한 사람들과 함께하므로, 저는 이 질문들에 응답할 시간이 없습니다. 그렇지만 하느님의 사랑이 되고 그들의 삶에 하느님이 현신함으로써 당신은 하느님을 위해 삶을 진정으로 아름다운 것으로 만든다는, 당신을 위한 저의 기도를 부디 확신하십시오.

신의 은총이 있기를
테레사

lle Teresa mc

[그림 9-1]

하고 고통을 받는 사람과 시간을 함께 보내는 것이 테레사 수녀에게 우선순위였다. 동시에, 체계적이고자 했던 그녀의 노력에도 불구하고, 기진맥진하게 만드는 일정을 지속하여 그녀는 건강을 해쳤다. 그녀는 매일 많은 양의 서신을 처리하며 하루를 마치는 것이 관례였다.[59] 1992년에 나는 테레사 수녀에게 초기 기억을 이야기하고 후속 질문에 응답해 달라고 부탁하는 편지를 보냈다. 그녀는 사랑의 선교수녀회의 어머니 집(Mother House of the Missionaries of Charity)에서 보낸 편지에서 나의 요청을 받았음을 알려 왔고, 그녀의 말은 나에게 계속해서 영감을 준다.

지각 양상

감각

대부분 사람처럼, 테레사 수녀에게 있어 시각 채널이 지배적인 감각이었다. 그녀의 어머니가 아이들에게 오염된 사과를 보여 주는 그림 이미지를 쉽게 상상할 수 있다. 테레사 수녀는 모든 면에서 삶을 헤쳐나가고 삶의 가치를 알기 위해 끊임없이 자신의 시각 능력을 활용했다. 잦은 개인적인 접촉으로, 테레사 수녀의 시각적 능력은 그녀가 다양한 범주의 사람들과 공감할 수 있게 해 주었다. 한 예로, 테레사 수녀는 "나는 아이들의 눈을 바라보았습니다. 몇몇은 배고픔으로 빛났고, 몇몇은 고통으로 흐릿하고 멍했습니다."[60]라고 말했다. 또 다른 예로, 그녀는 "일전에 일본에서 저는 길거리로 나갔습니다. 저는 길 건너편에 있는 한 남자가 완전히 길을 잃은 것을 보았습니다. 그가 술에 취한 것은 사실이었지만, 그는 저의 형제였습니다. 저의 형제. 그것이 저의 마음을 아프게 했습니다."[61]라고 언급했다. 시각 외에 테레사 수녀의 청각 채널도 그녀의 초기 회상과 삶에서 두드러졌다. 테레사 수녀의 초기 기억에서 그녀는 좋은 친구와 어울리는 것이 중요하다고 설명하는 어머니의 말을 경청했다. 언어적 의사소통은 기도, 사회적 관계, 그리고 그녀의 음악에 대한 사랑의 형태로 그녀가 삶에서 지향하는 것이었다. 그녀는 특히 노래를 부르고 만돌린을 연주하는 것을 즐겼고, 알바니아어, 영어 및 힌디어를 유창하게 구사했다.[62] 감각 양상으로서 촉각도 그녀가 반복적으로 접촉 감각을 요구하기에 그녀의 초기 기억과 관련이 있다. 수많은 아기를 자신의 품에 안고 있는 것부터 병자와 죽어가는 사람을 돌보는 것까지, 테레사 수녀의 인간적인 손길은 한결같이 위안과 사랑을 주었다. 후각과 미각은 그녀의 초기 회상 속에 나타나지 않았다. 그 양상들은 테레사 수녀에게 매력적인 특성이 없었다.

색

후각 및 미각과 마찬가지로, 테레사 수녀는 초기 기억에서 색을 언급하지 않는다. 따라서 색은 테레사 수녀가 삶에서 지향하는 것으로 여겨지지 않는다.

장소

아마도 테레사 수녀의 집이 초기 기억의 무대였을 것이다. 테레사 수녀가 수녀로서의 소명을 수행하기 위해 집과 가족을 떠났지만, 그녀는 사랑의 선교수녀회를 종교인 및 그들이 봉사하는 사람들을 위해 보살피고 지지하는 환경으로 구축함으로써 가정적 분위기를 조성했다. 그녀는 가정이 가족 구성원에게 사랑을 주고받을 수 있는 장소를 제공한다고 믿었다. 동시에 테레사 수녀는 가정과 공동체에서 이해나 관심이 필요한 사람에게 무관심해지거나 그들을 무시하기가 쉽다는 것을 깨달았다. 이러한 사랑의 빈곤과 관련하여, 테레사 수녀는 "이것이 우리가 알아야만 하는 것입니다. 우리 자신의 가정에 어쩌면 내 형제, 내 누이, 내 아내, 내 남편이 자신이 환영받지 못하고 사랑받지 못하고 지쳤다고 느끼며, 작은 연민과 작은 동정심도 거의 찾지 못하고 있다는 것을 우리가 정말로 알고 있습니까. 그리고 저는 시간이 없습니다."[63]라고 말했다.

대상

테레사 수녀의 초기 기억에서 비록 사과가 유형의 물건으로 마음을 사로잡았지만, 사과는 그녀가 소유하고 싶어 하는 대상을 나타내지는 않는다. 대신에 사과는 도덕적 교훈을 전달하는 매개체 역할을 했다. 수녀로서 테레사 수녀는 물질적 삶의 추구를 포기하겠다고 약속하며 가난의 서약을 공언했다. 동시에 그녀는 세상에서 대상이 제공하는 즐거움과 미적 특성을 높이 평가했다. 이 점에서 테레사 수녀는 "천성적으로 저는 섬세하고, 아름답고 멋진 것들을 사랑하고, 편안함과 편안함이 줄 수 있는 모든 것들, 즉 사랑하고 사랑받는 것을 좋아합니다."[64] 하지만 심지어 이러한 열망에도 불구하고, 그녀는 더 부유한 나라에서 일어나는 경향이 있는 과도하게 소유물을 획득하려는 것에 대해 의문을 품었다. 테레사 수녀는 개인이 물질적 목표에 집착할 때, 인간관계를 도외시하고 고통받는 사람에게 이바지하지 못할 수도 있다고 느꼈다.[65]

나의 세계를 이해하기

심리상담과 심리치료에서의 초기 회상

기억은 우리에게 단지 지난 시간의 흔적만은 아니고, 우리의 가장
깊은 희망과 두려움에 의미 있는 것을 지키는 것이다.

– Rollo May[1]

　100년 전 알프레드 아들러는 개인의 독특한 인생관과 삶의 방식
을 통찰하기 위해 처음으로 치료 장면에서 어린 시절의 초기 기억
을 사용했다. 결국, 이러한 공감적 이해는 치료의 목표를 결정하
고, 내담자와 효과적으로 협업하기 위한 전략을 구현하는 데 이바
지했다. 현대의 평가 도구로서, 초기 회상은 상담 과정을 통해 건
설적인 변화로 이르는 지침을 제공하고, 내담자가 삶을 어떻게 이
해하고 있는지를 계속해서 밝혀 준다. 비록 초기 회상이 단지 상담
자나 심리치료사가 이용할 수 있는 다양한 평가 도구 중 하나일 뿐
이지만, 이 투사 기법은 성격 평가에 있어 예리하고 깨우침을 주는
방법을 제공한다. 1930년대 이래 연구자들은 광범위한 정서 장애

가 있는 사람들의 어린 시절 초기 기억을 탐색했다.[2] 이러한 유형의 정보는 삶에서 심각한 고통을 겪고 있는 개인의 심리적 문제를 명확히 하는 데 이바지했다. 수많은 연구가 초기 기억의 패턴들을 기분장애, 불안장애, 섭식장애, 중독 그리고 그밖의 심리적 상태의 장애와 관련지었다. 또한 초기 회상은 커플 상담, 진로 상담, 내담자의 전 생애 상담 같은 다양한 치료 양식에서 치료적으로 사용되었다.

심리상담과 심리치료에서의 초기 회상: 사례

마리가 자신의 29세가 되는 생일에 내 사무실로 들어왔을 때, 나는 그녀를 처음 만났다. 그녀는 가족 주치의에 의해 '기분부전 및 무기력 증세'가 우려되어 심리상담에 의뢰되었다. 나는 그날이 마리의 생일인 것을 알고, 그녀에게 최고의 행운을 빌어 주었다. 그녀는 감정적으로 조용하고 낮은 말투로, "생일은 매년 오는데요, 뭐. 별거 아니에요."라고 응답했다. 침울한 태도로 그녀는 이혼한 여동생 도린과 함께 도시의 작은 아파트에서 살고 있다고 이야기해 나갔다. 마리는 자신의 생활 상황에 불만이 있었지만, '혼자 사는 것은 너무 돈이 많이 들 거야. 나는 내가 벗어나고 싶을 때 혼자 살 수 있어.'라고 생각했다. 또한 마리는 지난 3년 동안 보석상에서 조수로 일했는데, "보석 사업에 대해 정말 잘 알고 있는 남자 밑에서 일하고 있다."고 말했다. 마리가 얘기할 때, 나는 그녀가 느끼는 명백한 고통과 불만감을 공감하려고 애썼다. 어느 순간 마리는 자신의 삶이 "때로는 공허한 것 같다."고 말했다. 나아가 마리는 자기 여동생에게 자주 짜증을 내고, 자기 상사가 "그렇게 잘 이해해 주지는 않는다."라고 인정했다. 또한, 마리는 친구가 단지 몇 명밖에 안 되고, 최근에는 사교적으로 사람들을 만나러 나가는 대신 혼자서 시간을 더 많이 보낸다고 말했다. 이런 점에서 마리는 "대부분 시간을 누군가로 인해 신경을 쓰고 싶지 않았고, 그리고 어쨌든 할 일이 많지 않았다."라고 말했다. 첫 번째 만남이 끝나 갈 때, 우리는 매주 심리상담을 위해 만나기로 합의했다. 마리는 떠날 때 일어나서 낙담했던 모습과는 모순되는 말을 했다. "저는 우리 만남이 도움이 될 수 있다고 느끼기 시작했어요. 아마도 저는 만남을 통해 뭔가를 얻을 수 있을 거예요."

다음 회기에 마리가 내 사무실에 왔을 때, 그녀는 지난주보다 훨씬 더 침잠되어 있었고 고통스러워 보였다. 우리는 그녀가 상담에 오면서 겪는 교통의 어려움에 관해 얘기하기 시작했다. 마리는 자신이 차가 없고 버스가 부정기적으로 운행되고 있어서 교통이 특히 어렵다고 말했다. 마리는 머뭇거리는 목소리로 이번 주 초에는 우리 만남을 고대했지만, '그것은 아무것도 바꾸지 않을 거야. 그래서 말하는 것조차 취지가 뭐지?'라고 그녀는 의심하기 시작했다고 말했다. 우리가 마리의 우려를 논의하면서, 그녀가 비록 치료의 잠재적 효과에 대해 의구심을 가졌다고 할지라도 치료를 계속하라고 나는 권했다. 우리가 대화를 계속하면서, 마리는 자신의 여동생 도린을 향해 짜증이 늘어 가는 것과 일에 관한 불만족에 대해 얘기했다. 특히 마리는 도린이 반복적으로 자신에게 더 자주 밖으로 나가라고 하고, "아파트 주변을 배회하지 말라."라고 말하는 것에 넌더리를 냈다. 꽤 오래 이 갈등에 대해 논의한 후, 나는 마리에게 자기 보고식 우울증 검사를 받아 보라고 요청하기로 했다. 마리가 검사에 대한 응답을 마쳤을 때, 나는 그녀에게 어린 시절의 초기 기억을 제공해 달라고 요청했다. 나중에 우울 검사에서 나는 그녀를 경도 우울에서 중등도 우울로 평가했다.

마리가 초기 회상을 이야기하기 시작하면서 그녀가 더욱더 기민해지고 활기를 띠는 것을 보고 나는 흥미로웠다. "가족들이 선물들을 놓은 후 크리스마스트리 밑에서 제가 바라보던 것이 기억납니다. 그리고 우리는 저녁 식사를 마쳤습니다. 예쁜 색으로 포장된 상자 몇 개가 있는 것에 저는 주목했고, 그중 하나가 아마도 저를 위한 것으로 생각했습니다. 저는 제 이름을 읽을 수 있었으나, 상자 하나하나씩을 봤을 때 제 이름을 찾을 수가 없었습니다. 그것들은 누군가 다른 사람의 것이었습니다."라고 마리는 이야기했다. 내가 그녀에게 그 기억에서 회상할 수 있는 또 다른 것이 있는지 물었을 때, 그녀는 크리스마스트리가 컸고 붉고 푸른 전등이 많이 달려 있었다고 말했다. 다른 후속 질문들에 대한 응답으로 그녀는 자신의 이름이 상자 중 어디에서도 발견할 수 없었다는 것이 가장 기억에 남는 부분이라고 말했다. 나는 마지막 질문으로 그 기억에서 가장 생생한 부분에 대한 그녀의 느낌을 물었다. 이 질문에 대한 반응으로 마리는 "실망감을 느꼈다."고 말했다.

또 다른 초기 기억을 요청하자, 마리는 "저는 1학년이었고 리플리 선생님은 우리에게 자리에서 일어나 칠판 옆에 줄을 서라고 했습니다. 제가 줄을 섰을 때 몇몇 책상들은 멋지고 윤기가 났고, 나머지는 좀 낡았다는 것을 알게 되었습니다. 선생님이 이름을 부르면 우리는 선생님이 지정한 곳에 가서 앉아야만 했습니다. 저는 낡은 책상에 앉았고, 대부분의 다른 아이들은 새 책상에 앉았습니다."라고 말했다. 나의 후속 질문에 대한 추가적인 세부 사항으로 마리는 "제 책상 위에는 까만 낙서가 새겨져 있었고, 새 책상에 앉은 아이들은 신이 났었습니다."라고 덧붙였다. 그녀의 기억에서 가장 생생한 부분은 '책상을 보고 새것이 아니라는 것을 알았을 때'였고, 그 순간 마리는 '정말 실망하고 속상함'을 느꼈다. 마리는 또 다른 기억을 계속 공유해 나갔다. 그 기억은 그녀가 기억의 결말에서 감정적으로 실망감을 경험했다는 점에서 다른 초기 기억들과 비슷했다.

마리의 초기 기억들과 후속적인 질문들을 모두 기록한 직후, 나는 바로 그녀에게 무슨 이야기를 하고 싶은지 물었다. 잠시 머뭇거린 후에 마리는 자신이 일하는 장소의 문제점에 대해 다시 상의하기 시작했다. 비록 그녀가 보석류를 가지고 일하는 것을 즐겼고, "상사가 그렇게 나쁘지는 않다."라고 말했지만, 그녀의 나이 또래 사람들을 만날 기회는 거의 없었다. 내가 일 이외에 다른 사람들을 만나는 기회를 찾는 것을 고려해 보는 것에 대해 언급하자, 마리는 갑자기 고개를 숙이고 나를 피했다. 우리는 그 회기의 남은 시간 동안 함께 힘든 시간을 보냈고, 시간이 지나감에 따라 마리가 나에게 덜 몰두하는 듯이 느껴졌다.

마리가 다음 방문하기까지 한 주 동안에, 나는 우리의 두 회기를 되돌아보고 그녀의 초기 회상들을 평가하는 기회를 모색했다. 그녀에게 일 이외에 다른 사람과 만나는 사회적 기회를 찾아보라는 나의 제안에 대해 생각해 보았고, 내 말이 공감적이지 않았다는 점을 깨달았다. 어쨌든 그녀는 이미 자기 여동생이 계속해서 그녀에게 좀 더 자주 밖으로 나가라고 밀어붙였다는 것을 나에게 말했다. 마리의 초기 기억들과 관련하여, 주제 관점에서 볼 때 그녀의 각 기억은 긍정적인 어조로 시작해서 실망스러운 결과로 끝이 났다.

마리의 초기 회상의 핵심 주제는 희망적 상황이 궁극적으로 실망감으로 전락할 거라는 전망과 관련이 있음을 보여 준다. 성격 특성과 관련하여, 비록 그녀의 경험들이 긍정적이지 않은 방식으로 결론이 나는 듯이 보였지만, 그녀는 적극적으로 경험에 몰입할 자세를 보였다. 마리는 자신과 비교하여 다른 사람들이 더욱 많은 관심이나 특권을 받는 것처럼 보인다고 인지했을 때, 그녀의 사회적 관심이 줄어들었다. 마리의 기대가 종종 실망스러운 결과로 끝났다는 것을 고려하면, 그녀의 삶에 대한 관점은 일반적으로 비관적이라고 여겨질 수 있다. 자기효능감과 관련하여, 마리는 처음에는 희망적 자세로 상황에 임하는 것처럼 보이지만, 궁극적으로 자신에 대한 신뢰와 긍정적 결과에 대한 전망을 상실하게 된다. 이 자세는 마리의 노력이 종종 실망과 환멸로 끝나는 듯이 보이기 때문에, 아마도 그녀가 노력을 추구하지 않게 하는 효과를 가져올 수 있다. 마찬가지로 마리의 관점에서, 성실성의 형태로 책임감 있고 충실한 행동을 유지하는 것은 그녀의 노력과 상관없이 그녀의 삶의 상황을 개선하는 것처럼 보이지 않는다.

마리의 초기 회상과 지각 양식과 관련하여, 시각 감각이 눈에 띄고 두드러졌다. 그녀는 기억 속에 있는 구체적인 세부 사항들을 시각적으로 알고 있었고, 다른 감각적 표현은 두드러지지 않았다. 그녀가 각 초기 기억에서 다양한 색을 언급했기에 색 또한 눈에 띄었다. 초기 기억 속의 장소였던 집과 학교는 편안함이나 지지 측면에서 부정적 특성을 띠었다. 마리는 각 초기 회상에서 크리스마스 트리와 교실 책상 등 눈에 띄는 대상들을 언급했다. 마리의 초기 기억에 대한 응답을 바탕으로 지각적 관점에서 볼 때, 그녀는 시각, 색, 대상 성향으로 여겨질 수 있다.

심리상담과 심리치료에서 내담자의 초기 회상으로부터 얻은 통찰을 체계화하기 위해, 나는 **생활양식 삼단논법**(lifestyle syllogism)[3]을 사용하는 것이 도움이 된다는 점을 깨달았다. 삼단논법은 자기 자신, 다른 사람, 삶에서의 사건에 대해 어린 시절에 형성된 개인의 도식 또는 정신 구조를 묘사한다. 생활양식 삼단논법은 다음과 같은 틀을 통해 완성될 수 있다.[4] "나는…" "다른 사람들은…" "사건들은…" 그리고 "그러므로, 인생은…." 마리의 경우에, 내가 선택한 그녀의 생활양식 삼단논법 도식은 다음과 같다. "나는 실패자이다." "다른 사람들은 나에게 무관심한 것 같고, 나보다 더 많은 것을 가지고 있다." "사건들은 종종 실망스럽거나 괴로움을 준다." "그러므로, 인생은 종종 헛되고 암울하다." 마리의 성격 차원과 지각적 양식에 관해 내가 알게 된 것 외에도, 이러한 지시문은 그녀의 삶의 방식을 공감적으로 이해하기 위한 틀을 나에게 제공했다.

우리가 심리상담을 계속하면서, 마리의 초기 회상으로부터의 관점들을 숙고하는 것은 잠시 동안 그녀가 되는 것이 어떤 것인지를 이해하는 데 도움을 주었다. 이런 점에서 삶에서 일어나는 일들이 일반적으로 정서적인 실망감을 초래하고, 상황이 변화에 대한 희망을 거의 주지 않는다고 믿는 것은 어떤 느낌인가? 마리가 직면했던 다양한 경험들을 우리가 논의하면서, 나는 실망스러운 결과를 예상하는 그녀를 더욱 잘 이해할 수 있게 되었다. 마리에게 단순히 자기 패배적인 행동을 변화하도록 시도해 보고, 더욱 진취적인 모습을 보여 달라고 촉구하거나 권하는 것은 그녀의 뿌리 깊은 신념이나 인지 도식의 힘에 상대가 되지 않을 것이라는 점도 나는 알게 되었다. 아마도 내가 마리에게 나의 공감적 이해를 전달했을 때 가장 중요했던 것은 우리 사이에 신뢰와 라포가 향상되었다는 점이었다.

이윽고 우리의 관계가 개선된 덕분에, 나는 마리의 부적응적 인지 도식이 미치는 영향을 완화하기 위한 시도로 그녀가 가진 삶에 대한 부적응적 신념에 지지적으로 도전할 수 있었다. 다른 관점에서, 내담자가 가진 핵심 수준의 깊은 믿음을 바꾼다는 것이 얼마나 어려운 것인지를 나의 상상력을 통해 나 자신에게 상기시키는 연상 방법(evocative way)으로 주요 초기 회상(prime early recollection)이라고 것을 나는 떠올리곤 했다. 마리의 경우, 기대하며 크리스마스트리 아래에서 선물을 찾다가 아무것도 발견하지 못해 정서적으로 공허감을 느끼는 모습을 나는 시각화하곤 했다. 몇 주 넘게 심리상담을 하면서, 마리는 좀 더 목적의식이 있는 인지 도식이나 사고의 패턴을 형성하는 데 작지만 중요한 진전을 보이기 시작했다. 시간이 더 흘러감에 따라 마리는 삶에서 실망은 대부분 불가피한 것이라는 믿음을 '나는 어떤 것을 나에게 좀 더 좋게 만들기 위해 뭔가를 할 수 있다.' 같은 믿음으로 누그러뜨리기 시작했다.

마리가 핵심 수준에서 더욱 건설적인 삶을 지향하는 움직임을 보이면서, 그녀는 점점 더 적응적인 방식으로 행동하려는 동기가 증가하기 시작했다. 마리의 초기 회상에서 분명히 나타난 강력한 시각적 능력을 활용하여, 그녀는 즐겁게 활동할 계획을 세우는 개인적인 시나리오를 쉽게 시각화할 수 있었다. 예를 들어, 마리는 자신이 도자기 수업을 듣고, 아마도 모임에서 사람들과 대화하며 사회적 친분을 쌓는 모습을 그려 보았다. 초기 기억에서 분명하게 드러났던 색에 대한 마리의 개인적 성향을 활용하여, 그녀는 매일 정서적으로 행복감을 주는 '색채 방안'을 얻기 위해 꽃과 색깔이 있는 작은 조각상을 일하는 데로 가져와서 책상 위에 놓아두기로 했다. 마리가 삶에서 더 긍정적인 결과를 가져올 수 있는 자신의 능력과 통제력을 어느 정도 더 확신하게 됨에 따라, 그녀는 몇몇 사회적 모임의 초대에 응하여 외출하기 시작했다. 마리는 이미 취미로 보석 디자인을 하고 있었고, 보석 몇 점을 내 사무실로 가져와서 자랑스럽게 나에게 보여 주었다. 심리상담을 종결할 즈음에 마리는 나에게 팔찌를 한 개 주었고, 그녀는 '나의 고맙다.'라는 반응이 크리스마스트리 아래에서 선물을 찾는 것보다 거의 더 낫다고 말했다.

다양한 치료 양식에서의 초기 회상

커플 상담에서의 초기 회상

커플 상담에서 초기 회상을 치료적으로 사용하는 것은 두 개인의 삶의 방식을 공감적으로 이해하는 것 이상이다. 각자가 가진 기억의 의미를 되돌아봄으로써 각 파트너가 상대방에 대해 지닌 희망과 기대를 파악할 수 있다. 커플 사이에서 관계가 가장 중요하다는 점을 고려할 때, 초기 기억은 왜 한 사람이 특정한 방식으로 행동하고, 두 사람 관계에서 어느 한 사람에게 어려움을 주는 것으로 밝혀진 파트너의 특성을 어느 정도 이해하게 되는지를 검증할 수 있는 잠재력이 있다. 각 파트너의 가치 및 목표와 자신들의 관계에 대한 커플의 열망과 염려를 명확히 하기 위한 재료로 초기 회상의 적용을 다루는 문헌들이 늘어나고 있다.[5] 커플에게 초기 회상을 사용하는 것이 두 사람 사이의 의사소통을 개선하는 데 이바지하고,

두 사람 간의 상호작용에서 강점을 부각하는 것으로 밝혀졌다. 커플에게 사용하는 하나의 성격 평가 도구로서, 초기 회상은 전문가의 행동 관찰, 면담 및 다른 평가 방법들을 보완한다. 커플 치료 과정을 명확히 하기 위해 사례 연구가 전문적 문헌에서 흔히 사용되며, 다음 사례가 심리상담에서 커플의 초기 회상을 치료적으로 적용한 예를 보여 준다.

줄리와 행크는 두 사람을 일시적으로 결별하게 만든 관계에서의 부담감 때문에 심리상담을 받으러 왔다. 두 사람은 고등학교 때 만났고, 졸업 후 보조 간호사 자격 취득 과정을 다니면서 데이트를 하기 시작했다. 2년 후 그들은 함께 살기 시작했고, 언젠가는 결혼할 계획이었다. 행크가 지나치게 소극적이고, 성관계 외에는 '그가 자기를 거의 만지지 않는다.'라고 줄리가 느꼈기 때문에 그녀가 상담을 신청했다. 그녀는 분개하는 어조로 행크가 프로젝트 일을 하느라 많은 시간을 혼자 지하실이나 마당에서 보냈다고 말했다. 행크는 "저와 줄리 사이에 그렇게 크게 잘못된 점을 발견하지 못했어요. 그것은 모든 커플마다 다르잖아요."라고 말했다. 그러나 그는 자신이 '어떤 사람들처럼 온종일 밖에 나가 있지 않은데도' 불구하고 줄리가 자기를 비난하는 것은 성급하다고 느꼈다. 상담사가 각자 두 사람의 관계에서 어떤 강점을 가져다주었는지 묻자, 그들은 둘 다 자신들은 분별이 있고 신뢰할 수 있다고 생각했다. 행크가 종종 다른 사람들에게서 떨어져 혼자 지내기 때문에 그가 향후 어떤 아버지가 될지에 대해 줄리는 더욱 우려를 나타냈다. 줄리와 행크는 또한 자신들이 함께 시간을 보내는 것을 좋아했지만, 이러한 경우가 점점 더 줄어들었다고 덧붙였다.

다음 상담 시간에 대화를 가진 후, 상담사는 줄리와 행크에게 차례로 어린 시절의 기억을 회상하도록 요청했다. 줄리는 "오래된 우리 집 부엌에서 어머니와 함께 있었고 오래된 나무 식탁 앞에 서 있던 것이 기억납니다. 어머니는 빵을 구울 때 예쁜 앞치마를 입곤 했습니다. 이날 어머니는 제가 앞치마를 입도록 했는데, 그것은 정말 컸습니다. 어머니는 앞치마가 움직이지 않도록 제 몸에 묶어 주었습니다. 그리고 우리는 웃었고 서로 껴안아 주었습니다."라고 시작했다. 줄리는 어머니가 큰 은그릇에 뭔가를 섞는 것을 도와줄 때 의자 위에 서 있었다고 덧붙였다. 줄리의 기억에게 가장 생생한 부분은 어머니를 껴안은 것이었고, 그때 그녀는 '관심을 받고 있음과 특별함'을 느꼈다. 줄리가 첫 번째 기억을 마친 후에 상담사는 행크에게 기억을 회상하도록 요청했다. 행크는 "저는 큰 상자에 보관된 많은 나무 조각들을 가지고 위층에 있는 제 방에서 놀고 있었어요. 저는 장난감 군인들을 위해 요새를 만들면서 마루 위에 있었어요."라고 말했다. 행크는 요새들의 벽은 높았고 군인들을 위해 임시 숙소도 만들었다고 추가로 상세히 말했다. 행크의 기억에서 가장 생생한 부분은 '서로 다른 나무 조각들이 요새와 건물들로 합쳐지는 것을 보는 것'이었다. 그 순간 행크는 '일종의 자부심'을 느꼈다. 평가를 마무리하기 전에, 상담사는 계속해서 두 사람으로부터 또 다른 초기 기억을 끌어냈고, 또한 커플 관계 검사도 실시했다.

치료 회기 사이에 상담사는 줄리와 행크의 초기 회상들을 포함하여 그들이 전달한 평가 자료를 곰곰이 생각해 보았다. 초기 기억 관점에서 두 사람의 핵심 주제 간의 뚜렷한 차이는 정서적인 의사소통과 관련된 것이 분명했다. 행동 성향과 관련하여, 줄리는 친밀하고 배려심이 있는 관계에서 만족감을 찾는 듯했고, 행크는 혼자서 전념하여 직접 하는 과제에서 성취감을 느꼈다. 성격 특성과 관련하여, 이 커플은 두 사람이 공유하는 주목할 만한 강점과 보완적 특성의 패턴을 보여 주었다. 줄리와 행크 둘 다 모두 정기적으로 활동을 추구했고, 각자 자기효능감과 성실성의 특성을 보여 주었다. 그들은 또한 전반적으로 삶에 대해 낙관적인 전망을 하는 공통점이 있었다. 지각 양상 측면에서, 일상생활에서 줄리와 행크 둘 다 두드러진 시각 및 촉각 성향을 공유했다. 그러나 줄리의 접촉 선호도는 대부분 사람과 관련이 있었고, 행크의 접촉 성향은 손으로 물체를 조작하는 방향으로 더 지향되어 있었다. 비록 줄리와 행크가 친밀한 관계로 서로 수년을 알아 왔지만, 그들이 삶의 방식과 각자의 인생관에 대한 깊은 이해가 부족했다는 것이 상담사에게 분명해졌다. 줄리는 행크가 외견상 정서적으로 그녀와 함께하려 않으려고 하는 것에 대해 좌절감을 느꼈고, 행크는 줄리가 자신에게 지나치게 비판적이고 특히 육체적인 접촉에 대한 그녀의 요구는 지나치다고 여겼다. 근본적 수준에서 그들의 차이를 조화시키기 위해, 상담자는 두 사람이 서로의 관점에 대한 공감적 이해를 증진하고 서로의 차이를 받아들이는 것이 필수적이라는 점을 깨달았다. 줄리가 당연히 행크가 감정적·육체적으로 함께 있는 것을 늘리기를 원했지만, 혼자 있기를 좋아하는 그의 몸에 밴 성향을 인정하는 것도 필요했다. 동시에, 행크는 때때로 혼자 있으려고 하는 것이 그와 함께 있고 싶어 하는 줄리의 욕구와 상충한다는 것을 이해해야 할 필요가 있었다. 이러한 핵심적인 차이점들을 존중하는 방식으로 다루고 처리하는 방법을 찾는 것이 치료의 주요한 목표가 될 것이다.

이어지는 상담 회기들에서 줄리와 행크는 구두로 자신들의 삶에 대한 개인적 인생관과 그 관점들이 어떻게 긍정적이고 부정적인 방식으로 그들의 관계에 영향을 미치는지를 탐색했다. 이윽고 두 사람은 자신들의 가장 깊은 본성의 특성과 성향을 공감적으로 이해함에 따라 예측되는 구체적인 행동 변화를 보이기 시작했다. 예를 들어, 행크는 상호 간에 즐거운 활동을 하면서 줄리와 더 많은 시간을 보내고, 매일 접촉을 통해 애정을 표현하기로 하였다. 줄리는 행크에게 덜 비판적이고, 행크가 프로젝트를 하기 위해 혼자 일하는 시간이 필요함을 지지하면서 그녀가 동의할 수 있는 알맞은 방법을 찾기로 합의했다. 상담사가 상담 경험을 통해 커플의 잠재력을 활용하는 것처럼, 초기 기억을 통해 어느 정도는 확인된 줄리와 행크의 성격과 지각적 강점들이 이러한 변화를 촉진했다.

전 생애 상담에서의 초기 회상

각기 다른 삶의 단계에서 개인은 도전과 요구에 직면하고, 때로는 역경을 효과적으로 잘 다루기 위해 심리상담 서비스 형태의 치료적 개입이 필요할 수 있다. 평가 관점에서 초기 회상은 인생 전반에 걸친 도전적 경험들에 대처하는 내담자의 능력을 명확하게 하는 하나의 평가 도구이다. 예를 들어, 아동과 청소년의 심리상담에서 초기 기억에는 자존감과 자아 개념, 규율과 자기 조절, 학업 동기 및 기타 주요한 기능 측면과 관련된 중요한 문제들을 분명하게 밝힐 수 있는 잠재력이 있다.[6] 나이 스펙트럼의 다른 끝인 성인기 후반부에 친밀한 관계의 상실, 은퇴 및 건강 염려 등과 관련된 어려운 변화들을 맞닥뜨릴 때, 초기 회상은 내담자의 핵심 신념과 삶의 방식을 명확하게 한다.[7]

초기 회상과 진로 상담

또 다른 심리상담의 초점으로, 투사 기법으로서의 초기 회상은 진로 탐색과 경력 개발의 분야에서 치료적으로 유용한 것으로 밝혀졌다.[8] 직업적 의사결정과 관련하여, 기본적인 심리학적 가정은 사람이 자신의 초기 회상에서 드러난 뿌리 깊은 성격 및 지각 성향과 맞는 진로 분야에서 만족감을 찾을 가능성이 더 크다는 점이다. 즉, 직무의 성격이 개인의 초기 기억에 반영된 주관적인 특성 및 목표와 부합될 때, 개인적 직업 적합성과 그 직책에서의 성과 수준이 향상된다.[9] 이 전제와 관련된 다소 재미있는 예를 들면, 1970년대 후반에 나는 한 청소년과 심리상담을 했다. 그는 자신이 유모차에 앉아 있었고 그의 어머니가 그를 이리저리 태우고 다녔다는 초기 기억을 나와 공유했다. 그는 이 유모차 타는 것이 기분 좋고 즐겁다고 느꼈다. 우리가 만난 지 약 20년 만에 이제는 거의 중년이 된 남성이 길거리에서 내게 달려왔다. 우리가 서로 인사를 했을 때, 그는 자신이 "택시를 소유하고 있고 생업으로 택시 운전을 좋아한다."라고 흥분하여 말했다.

다른 관점에서, 초기 기억에서 나타나는 높은 수준의 낙천주의, 자기효능감 및 성실성과 같은 개인의 성격 특성은 대부분 직업에서 바람직하고 가치 있는 업무 습관과 관련이 있고, 직업적 성공에 이바지한다.[10] 동시에 초기 회상 및 다른 출처에서 드러나는 취약한 성격 기능은 개인이 긍정적인 직업적 자질을 향상하고자 약속할 때 성장과 발달의 대상이 된다. 지각 양식과 관련하여, 개인의 초기 회상에서 나타나는 두드러진 감각과 색채 능력은 특정 유형의 작업에 대한 만족 및 능력과 잠재적으로 관련이 있다. 예를 들어, 강한 시각 양상은 목공과 건축 분야에서 필수적이다. 개인의 초기 회상에서 평가된 장소와 대상 유형에 대한 지향성은 진로 분야나 직업에서 아마도 나타날 수 있다. 예를 들어, 초기 기억에서 개인이 어떤 상황에서 숲이 우거진 지역을 가로질러 걸으며 자연의 경이로움을 즐긴다고 생각해 보자. 이러한 초기 기억을 계속 지니고 있으면, 그 사람은 야외에서 일하는 직업에 흥미를 느낄 가능성이 있다.

비록 초기 회상이 심리상담과 심리치료에서 치료 과정을 향상한 오랜 역사가 있지만, 투사 기법은 치료 맥락에서 상대적으로 사용 빈도가 낮다. 최근에 심리학에서 경험을 바탕으로 한 개입을 강조하면서, 주관적 점수 체계에 의존하는 성격 도구의 객관적 정확성과 신뢰도에 대한 의문이 제기되고 있다. 이런 점에서 규준 자료와 양적 측정치를 제공하는 성격 검사들이 정신 건강 현장에서 전문가들 사이에서 현재 좀 더 인기가 있다. 게다가, 투사 기법으로서의 초기 회상이 교육이나 훈련 프로그램 과정에서 소개되지 않았기 때문에 많은 전문가에게 친숙하지 않을 수 있다. 이와 관련하여, 전문가들에게 효과적인 훈련을 제공할 수 있는 위치에 있고 초기 회상에 대한 충분한 배경 지식을 가진 사람들의 수가 감소하고 있다. 가장 중요한 것은 치료를 제공하는 전문가들에게 초기 기억을 해석하는 실질적이고 체계적인 절차가 널리 확산하지 않았다는 점이다. 이 책『아들러심리학에 기반을 둔 초기 회상의 의미와 해석 -사례 및 해석 모델을 중심으로-』을 포함하여 초기 회상에 관한 나의 전문적 글에서 나는 이러한 우려들을 다루고자 노력했다. 초기 회상과 관련된 타당한 연구와 실례의 이용 가능성이 증가함에 따라, 전문가들은 훈련 기회를 더욱 추구하고 치료 실제에서 평가 도구로 사용하는 데 더 수용적일 수 있다. 오늘날 정신 건강 문제의 복잡성을 고려할 때, 평판이 좋은 객관적이고 투사적인 평가 절차를 채택하는 것이 내담자를 이해하는 더욱 포괄적인 방법을 제공하고, 효과적인 치료 계획과 개입을 개발하는 데 도움을 줄 것으로 보인다.

각각의 초기 기억은 독특하므로 내담자의 각각의 모든 기억은 심리상담사 또는 심리치료사가 듣고 이해하기에 신선하고 매력적인 이야기를 드러낸다. 단지 잠시만 머무른다고 할지라도, 내담자의 어린 시절의 세계로 들어간다는 것은 하나의 특권이다. 전문가들이 초기 기억을 도출하고 해석하는 경험을 축적할 때, 그들의 치료 기술 기반은 투사 기법뿐만 아니라 사람을 이해하는 주요한 능력에서도 향상된다. 초기 회상의 해석 과정에 전문가의 직접적 참여가 필요한 성격 도구로서, 인간 발달과 비정상 기능에 관한 지식을 얻는 일은 결코 멈추지 않는다. 개별 내담자의 삶의 패턴을 좀 더 깊이 인식하는 것이 직접 공감적인 치료 개입으로 바뀔 수 있다. 이런 점에서 공감은 초기 기억의 해석을 위해서뿐만 아니라 상담 과정을 통해 내담자를 아는 방법으로서 필수적인 과정이다. [11]

chapter
11

나의 눈과 당신의 눈으로 바라보기
개인적 용도로의 초기 회상

> 기억에서 우리 각자는 예술가이다. 우리 각자는 창조한다.
>
> – Patricia Hampl[1]

어린 시절의 초기 기억은 모두 독특하고, 한 개인에 관한 짧지만 매우 중요한 이야기를 들려준다. 심리상담의 맥락에서 내담자의 수많은 초기 회상을 듣는 것 외에, 나는 내 인생의 초기 몇 년에서 기억할 수 있는 십여 개 정도의 이야기들을 떠올려 보았다. 나는 또한 부모님, 아내, 심지어 세 딸의 초기 기억을 들을 기회도 얻었다. 나 자신의 기억과 가족들 기억의 의미를 생각해 봤을 때, 나는 각 개인이 삶을 어떻게 인식해 왔고 어떻게 살아왔는지에 대해 더 깊이 이해하게 되었다고 믿는다. 비공식 모임에서 나는 친구들과 지인들이 이야기하는 수많은 초기 회상을 즐겁게 들었다. 그리고 이러한 상호작용을 하면 언제나 인생의 초기 기억이란 주제에 관한 활발한 논의로 이어졌다. 수년에 걸쳐 나 자신의 초기 기억들을 고려하면서, 나는 내 인생에서 좀 더 건설적인 행동을 추구하기 위해 내가 이해한 것을 활용할 수 있었다. 나의 초기 기억을 탐구한 것이 나의 개인적 조망을 풍부하게 한 것과 비슷한 방법으로, 다양한 사람들이 자신의 초기 기억을 평가함으로써 자기 이해를 넓히고 다른 사람이 삶을 어떻게 지각하고 있는지를 새롭게 인식할 수 있다. 초기 기억을 도출하기 위한 지침과 '기억의 새벽' 해석 모델이 이러한 노력을 쉽게 하는 데 이바지한다.

나의 삶에서 초기 회상의 표현과 의미

나의 초기 기억 중의 하나가 주요 초기 회상(prime early recollection)으로 나에게 분명하게 떠오른다. 나는 수십 년에 걸쳐 여러 번 이 기억을 마음속에 떠올렸고, 나는 이 기억을 회상할 때마다 매번 같은 시각적 이미지를 떠올리게 된다. "나의 첫 영성체 날이었다. 그날 나는 아침에 교회에 입고 갔던 정장을 여전히 입고 있었다. 사우스 보스턴에 살았던 고모와 삼촌의 아파트 건물 밖에서 나는 남동생 밥과 놀고 있었다. 갑자기 나는 친척들이 내 첫 영성체 기념으로 주었던 돈을 모두 잃어버렸다는 것을 깨달았다. 나는 동생 밥을 쳐다보았지만, 동생도 내 돈이 어디 갔는지 모른다는 것을 알았다." 그 기억에 대한 추가적인 세부 사항으로 나는 우리가 놀고 있던 벽돌 건물 근처에 서 있었던 것을 기억한다. 그 기억에서 가장 생생한 부분은 '내 주머니를 들여다보고 모든 돈이 사라졌다는 것을 깨달았다.'라는 것이었다. 그 순간에 나는 '충격'을 받았다. 그 경험을 한 지 약 60년이 지난 지금, 내가 그 기억에 관해 쓸 때조차

내 심장은 여전히 빠르게 뛴다. 내 기억의 핵심 주제는 무언가 가치 있는 것, 특히 돈의 상당한 손실과 관련이 있음을 보여 준다. 내가 회상할 수 있는 추가적인 두 개의 기억들도 돈의 손실이나 부족을 경험하는 것과 관련이 있다.

나는 일생의 대부분에 걸쳐 돈에 대한 문제가 있었다. 돈이 부족한 것에 대해 내가 걱정하는 일은 거의 드물었고, 대신에 나는 불필요하게 돈을 쓰거나 어떤 어리석은 방법으로 돈을 잃어버릴까 봐 걱정하는 경향이 있다. 내가 학교 상담사로 일했던 20대 중반 시점의 이야기를 선택하고 싶다. 나는 학교 행사에서 메리베스라는 매력적으로 생긴 젊은 학교 교사를 만났다. 나는 그녀에게 다음 토요일 저녁에 보스턴에 있는 식당에 가서 함께 저녁을 먹자고 초대했다. 식당에 도착해서 자리에 앉은 후, 나는 메뉴를 힐끗 보고 음식 가격이 높은 편이라고 생각했다. 그리고 나서 나는 메리베스에게 나의 재정적 관심사를 알리기로 했다. 그녀가 내 말에 불쾌해하는 것 같았지만, 우리는 저녁 식사를 주문했다. 잠시 후, 나는 우리가 앉아 있는 자리에서 몇 테이블 떨어진 곳에 흰 리넨 타월을 팔에 걸치고 한가하게 서 있는 웨이터를 보았다. 그때 나는 메리베스에게 "저녁 식사가 약간 비싼 이유는 부분적으로 식당에 있는 일부 종업원들이 저 웨이터처럼 전력을 다해 일하지 않기 때문이다."라고 이야기했다. 내 의견에 대해 메리베스는 단호한 어조로 "당신은 우리 저녁 식사에서 즐거움을 모두 빼앗아 가고 있군요."라고 말했다.

메리베스와 나는 대화 중에 잠재적인 긴장감을 느끼면서 식사를 마쳤다. 식당을 나와서 그녀를 집에 바래다준 후, 나는 아파트로 돌아와서 저녁 식사에서 내가 얼마나 한심했고 내가 얼마나 그녀를 좋아하는지를 생각해 보았다. 그녀에게 무슨 말을 해야 할지 몰랐는데도 불구하고, 충동적으로 나는 메리베스에게 전화하기로 했다. 그녀가 전화를 받았을 때, 그녀의 목소리는 냉랭했다. 나는 불쑥 나의 예의 없고 용납할 수 없는 행동에 대해 미안하다고 말했다. 그러고 나서 나는 내가 돈을 쓰는 데 문제가 있고, 돈을 더 잘 쓸 필요가 있다는 점을 인정했다. 나는 우리가 했던 대화를 더 기억할 수는 없지만, 메리베스는 망설이며 나와 다시 만나는 것에 합의했다. 다음 데이트를 하기 전에 나는 돈에 관해 어리석은 말을 하지 말라고 자신에게 말했다. 나중에 밝혀진 것처럼 우리가 데이트를 시작했지만, 몇 달 후에 나는 대학원 공부를 더 하기 위해 오클라호마로 옮겨야 했다.

오클라호마에 도착하자마자 나는 대학 과정 중 한 과목에서 투사 기법으로 초기 회상을 배우게 되었다. 수업 활동으로 나는 첫 영성체 기억을 회상했고, 그 기억을 해석하는 기회를 얻었다. 나는 즉시 초기 회상이 정서적으로 얼마나 나에게 반향을 불러일으켰고 나의 삶의 방식을 차지하는 듯이 보였는지에 충격을 받았다. 그날 밤 나는 메리베스에게 전화를 걸어 나의 기억과 내가 그 기억을 어떻게 이해했는지를 흥분하여 말했다. 나는 그녀에게 그 기억이 돈에 대한 나의 문제에 관해 어떻게 말하는 것 같은지 설명하려고 했다. 1년이 안 되어 운 좋게도 나는 메리베스와 결혼을 했고, 그녀가 내가 있던 오클라호마로 왔다. 수년에 걸쳐서 수없이 그녀는 돈에 대해 지나치게 많이 생각하는 것은 자신은 물론 자신이 사랑하는 사람들로부터 삶의 기쁨을 빼앗아 갈 수 있다는 점을 나에게 상기시켜야 했다. 메리베스는 내가 이 조언을 따르기 위해 애썼다는 것을 알고 있다. 그녀는 내가 지나치게 절약하는 경향이 있다는 점을 받아들이고 이를 조절하는 것을 도와주는 데 강력한 영향을 미쳐 왔다. 또한 나는 돈에 대한 나의 문제를 아이들과 친구들에게 인정했다. 우리가 식당에 갈 때 나는 더는 돈 쓰는 것에 대해 조마조마하고 소란을 떨거나 하지 않는다. 그러나 나는 길에서 우연히 동전을 발견하면 감정적으로 기분이 들뜬다.

신혼 시절 언젠가 나는 메리베스에게 초기 기억을 이야기해 달라고 부탁했다. 메리베스는 "나는 아버지가 나에게 책을 읽어 주셨고, 아버지의 목소리를 들은 기억이 난다. 아버지는 내 곁에 앉아서 커다란 검은색 동화책을 읽어 주셨다. 그의 목소리에는 숨소리가 섞인 부드러운 리듬이 있었다. 그 이야기들 속의 인물들은 흑백 삽화 또는 목판화가 곁들여져 있었다." 내 질문에 대한 응답에서 메리베스는 커다란 빨간 가죽 의자에 아버지와 함께 앉아 있었던 상세한 내용을 추가로 덧붙였다. 메리베스의 기억에서 가장 생생한 부분은 아버지가 이야기할 때 이야기의 단어들을 듣는 것이었다. 그리고 그 순간 그녀는 '즐거움, 편안함 그리고 따뜻함'을 느꼈다.

메리베스의 초기 기억에서 주제의 초점은 보살핌 및 대인관계의 경험에서 구두로 대화를 나누는 것과 관련이 있음을 보여 준다. 메리베스는 일상생활에서 특히 사람들과 함께 시간을 보낼 때 대화하는 것을 즐기고, 언어 병리학자로 일했다. 우리가 처음 결혼했을 때, 나는 그녀가 우리 아파트의 다른 방에서 이야기하는 것을 들었던 기억이 난다. 나는 그녀가 누군가와 통화하고 있다고 생각했지만, 나는 곧 그렇지 않다는 것을 알게 되었다. 다른 많은 청각 성향의 사람과 마찬가지로, 메리베스는 혼자서 하는 일을 끝낼 때, 때때로 혼잣말을 한다. 기억 속에 색이 있는 메리베스는 삶에서 색채 지향적이다. 내가 색채 성향이 아니기에, 그녀의 색에 관한 감수성과 조율로부터 나는 직접 혜택을 입었다. 우리가 미술관이나 야외 자연경관을 방문할 때와 심지어 근처를 산책할 때조차도 메리베스는 특정 색을 언급하면서 광범위한 색의 배열에 관해 내가 깨닫도록 해 주었다.

우리 아이들, 헤더, 타라, 케일라가 아홉 살 또는 열 살쯤 되었을 때, 나는 아이들에게 각자 초기 기억을 회상해 달라고 요청했다. 성격 평가 도구를 사용하여 자기 딸들을 평가하는 것이 좀 이상한 것처럼 보여서, 나는 아이들이 어린 나이일 때 처음에 그들의 기억을 묻는 것을 주저했다. 적절한 시기가 된 것 같았을 때, 나는 큰 딸인 헤더에게 초기 기억을 회상해 달라고 요청했다. 헤더는 "저는 유리를 두른 일광욕실에 엎드려 있었어요. 저는 정말 따뜻함을 느꼈어요. 저는 태양 광선과 먼지가 떠다니는 것을 볼 수 있었고, 그 광경은 매우 오렌지색이었어요."라고 말했다. 헤더는 나무로 된 문을 본 것에 대해 상세하게 설명을 덧붙였다. 그녀의 기억에서 가장 생생한 부분은 '오렌지색을 띤 물리적인 태양 광선의 따뜻함과 시각적 광경'이었다. 자기 기억에서 가장 생생한 부분을 언급하면서 헤더는 '매우 만족스럽고 평화롭다.'라고 느꼈다.

헤더의 초기 회상에서 미적 특징들이 그녀의 기억 속의 아주 매력적인 색채 이미지를 넘어서 분명히 나타난다. 헤더의 초기 기억에는 시각적·정서적·본능적 경험을 통합하는 전체적인 측면이 있다. 그 기억은 평화로운 어조와 평온한 느낌으로 꿈같은 특성을 보여 준다. 헤더의 기억에서 주제의 핵심은 만족감과 평온함을 불러일으키는 환경의 본질적인 아름다움을 시사한다. 현재 30대 초반인 헤더는 항상 예술적인 노력과 활동에 큰 관심을 보여 왔다.

어렸을 때 그녀는 끊임없이 그림을 그리고 예술 프로젝트에서 일했다. 그녀는 청소년기 이후 내내 조각품을 만드는 데 많은 시간을 투여했다. 우리 집은 지하실에서 다락방과 차고까지 그녀의 예술 창작물로 가득 찼었다. 나의 금전적인 성향으로 인해 나는 때때로 "이 모든 것이 어디로 가는 거지?"라고 궁금해하곤 했다. 몇 번 헤더는 "나는 1년 휴직하고 예술만 할 필요가 있어요."라고 말했다. 이 말이 그녀가 학교에서 공부를 잘했을 때나 녹색 기술 및 지속 가능성 분야에서 전문적인 지위를 맡고 있을 때 나를 불안하게 만들었다. 하지만 헤더의 초기 회상의 의미에 조율함으로써 나는 더욱더 침착하게 반응하고, 그녀가 성취감을 느끼는 예술적 탐구에 대해 더욱 잘 이해하게 되었다. 오늘날 헤더는 버지니아에 있는 자신의 소유지에 예술작업을 할 수 있는 커다란 스튜디오를 가지고 있다. 며칠 전 밤 그녀는 나에게 전화를 해서 "아빠, 저 정말 멋진 하루를 보냈어요. 날씨는 화창하고 따뜻했고, 스튜디오의 큰 문을 열어 놓았어요. 저는 조각 작업을 하면서, 얘들이 마당에서 노는 것을 볼 수 있었어요."라고 말했다. 헤더의 초기 기억이 내가 그녀의 미적 섬세함을 더욱 깊이 통찰할 수 있도록 해 주었을 뿐만 아니라, 예술가가 어떻게 세상을 인식하고, 그 속에서 그들의 위치를 찾는지를 더 잘 이해하게 해 주었다.

나는 여섯 아이 중 가운데 아이로서, 가끔 부모님이 우리 모두를 먹여 살리는 것이 힘들었다는 것을 기억할 수 있다. 비록 우리는 돈이 부족한 가운데 성장했지만, 나의 형제자매 중에 누구도 내가 삶에서 보여 준 것과 같은 괴로운 방식으로 돈에 대해 깊이 생각한 사람은 없었다. 수년 전에 나의 형제자매가 돈을 어떻게 다루는지 더 잘 알고 싶어서, 나의 형 톰에게 초기 기억을 공유해 달라고 부탁했다. 톰은 "나는 옛날 우리 집 거실에서 아버지와 함께 있었던 것을 기억한다. 나는 장난감 총과 권총집을 가지고 있었지만, 그것을 찰 수 있는 벨트가 없었다. 아버지가 자신의 벨트를 주셨는데 그것은 너무 컸다. 나는 마루 위에 있는 신문지를 봤고, 신문지를 말아 바지 속에 쑤셔 넣어서 벨트가 내 허리에 잘 맞아 붙어 있도록 했다."라고 응답했다. 톰은 방으로 들어오는 햇볕의 따뜻함을 느꼈고, 얼룩이 묻은 어두운색의 목공품을 보았다는 상세한 얘기를 덧붙였다. 그의 기억에서 가장 생생한 부분은 '특별히 나를 쳐다보지 않았지만, 아버지가 소파 근처에 앉아 계셨다. 아버지는 내가 하는 것을 막지 않았고, 나는 내 나름의 속도로 작업할 수 있었다.'였다. 기억에서 가장 생생한 부분에 대한 느낌을 언급하며, 톰은 "나는 사랑 받고, 지지받고 있다고 느꼈다."라고 응답했다.

　톰의 초기 기억에서 주제의 핵심은 풍부한 지략과 문제 해결에 초점을 두는 것을 강조한다. 도전에 직면했을 때, 그는 어려움을 성공적이고 창의적으로 다루는 방법을 모색하는 것처럼 보인다. 색이 두드러지기에 그의 초기 기억에는 미적 특성도 있다. 톰의 남동생으로서 나는 고등학교 때의 그를 학급 임원, 졸업 앨범 편집자이자 학급 예술가로 기억한다. 그는 성취에서는 따라가기 힘든 사람이었다. 그러나 나에게 가장 어려운 경쟁은 톰이 자신의 경력에서 자리를 잡게 되었을 때 일어났다. 그는 광고 분야에서 고위직으로 빠르게 승진했고, 자신의 광고 및 마케팅 회사의 설립자이자 소유자가 되었다. 이러한 모든 노력에서 그는 지략과 문제 해결력, 예술적 감수성을 최대한 발휘했다. 그러나 그가 최근에 상당한 규모의 금융 거래를 포함하는 상업적 벤처 사업에 대해 나에게 말했을 때, 금전적으로 위험 회피적인 나의 성향으로 인해 나는 불안해

지기 시작하곤 했다. 동시에 톰은 항상 비즈니스 거래를—가끔 실패로 끝난 거래조차도—성장의 기회로 보았다. 내가 톰의 초기 기억을 충분히 생각해 보았을 때, 나는 그를 좀 더 완전히 이해하기 시작했고, 더하여 나의 삶의 방식에도 해결의 실마리를 던져 주었다. 초기 기억에서 했던 것처럼 그는 다양한 환경 조건에 적응하고 가용한 자원을 활용하기 위해 자신을 신뢰했다.

가족 구성원들의 초기 기억을 탐색하는 것은 내가 각 사람을 아는 방식을 넓히는 데 도움이 되었다. 수년간 내가 그들에게 가장 의미 있는 것이 무엇인지를 이해해 나감에 따라, 나는 보다 공감적으로 우리 사이의 일상적인 상호작용을 할 수 있었다. 나 자신의 초기 기억을 되돌아보면서 자기 이해를 깊이 할 수 있었고, 나의 강점과 약점 일부를 더욱 잘 인지할 수 있었다. 나의 첫 영성체 기억에서 가끔 내 인생에서 나와 다른 사람들에게 고통을 주었던 돈에 대한 나의 긴축적인 패턴을 이해할 수 있었다. 나는 또한 나의 다른 초기 기억들도 평가하는 기회를 얻었고, 이러한 시도도 나에게 깨우침을 주었다. 물론 초기 기억을 해석하는 데 있어서, 나는 기억에 관한 다년간의 연구와 경험에서 얻은 이점을 누릴 수 있었다. 동시에 현재 투사적 기법을 사용하는 비교적 소수의 전문가보다 훨씬 더 많은 사람이 초기 회상을 채택함으로써 얻는 통찰을 이용할 수 있어야 한다고 나는 믿는다. 비록 인생의 초기 기억의 사용에 관해 일반 대중을 위해 출판된 다른 책들도 있었지만, 그 책들은 기억에 관해 이용 가능한 방대한 학문을 강조하지 않았거나 초기 회상에 대한 체계적인 해석 방법을 제공하지 않았다.[2] 『아들러심리학에 기반을 둔 초기 회상의 의미와 해석 −사례 및 해석 모델을 중심으로−』에서 나는 초기 회상에 관한 문헌에서 얻은 중요한 결과들은 물론, 자기 이해를 증진하고 다양한 배경을 가진 사람들의 삶의 방식을 파악할 수 있는 초기 회상의 잠재력을 전달하려고 노력했다. 또한, 나의 목표는 명확한 해석 모델로 개인적 강점과 성장 잠재력이 있는 영역을 명확하게 하려고 초기 기억을 활용하는 것의 가치를 제안하는 것이었다.

초기 회상의 도출과 해석: 기억의 새벽 모델

초기 회상을 처리하기 위한 다양한 고려 사항들이 본문의 여러 장에 걸쳐 제시되었다. 이 정보를 '기억의 새벽 모델'의 개요와 결합하여 가이드라인의 형태로 통합하면 개인적 용도로 초기 기억을 활용하는 것을 명확히 하는 데 도움이 될 것이다. 구체적이고 명확한 절차를 따르는 것이 자신의 초기 회상을 떠올리거나 다른 사람의 기억을 끌어내는 것을 잠재적으로 용이하게 한다. 초기 기억이 회상되면, 특정한 단계들이 핵심 주제, 성격 특성, 지각 양식이 포함된 체계를 통해 기억의 의미를 제시한다.

초기 회상 도출하기

초기 기억을 상기하는 과정이 꽤 간단한 것처럼 보이지만, 기억이 정확한 해석의 대상이 될 수 있기 위해서는 여러 고려 사항들이 기억을 도출하는 데 도움이 된다. 대부분 사람은 자신의 기억에 특별한 관심이 있으므로 자신의 초기 기억을 기꺼이 공유하려고 하거나 심지어 이를 열망한다. 그러나 어떤 경우에는 개인이 초기 기억을 드러내는 것을 주저하거나 전체 공개 과정에 불편을 느낄 수 있다. 다소 드물지만 이런 경우에는 그 사람에게 기억을 공개하라고 더 촉구하는 것을 피하는 것이 가장 좋다. 아마도 다른 기회가 그 사람이 초기 기억에 관해 이야기할 보다 적절한 때일 수 있다.

나이

투사 기법으로서, 초기 회상은 개인의 나이와 상관없이 개인의 기억을 도출하기 위해 일정한 지시문을 사용한다. 하지만 어린아이는 초기 기억을 상기하기 위한 지시 사항들을 이해하는 정도에 한계가 있다. 7세 이하의 아동은 아주 어린 시절의 초기 기억을 표현하고 이야기하는 능력이 아이마다 서로 크게 다르지만, 8세 이상의 아동은 대부분 초기 기억을 이야기할 수 있다. 어린아이에게 '아주 오래전'은 몇 달 전에 일어났던 일과 관련이 있을 수 있다.

회상(Recollections) 대(對) 보고(Reports)

때때로 사람들은 초기 기억을 상기할 때 오랜 기간에 걸쳐 일어난 어린 시절의 활동이나 사건에 대한 기억들을 이야기한다. 예를 들어, 가족과 함께 차를 타고 일요일에 드라이브했던 것은 어린이의 성장 과정에서 일상적인 일이었을지 모른다. 반복적인 행동의 패턴에 대한 이러한 보고(report)와는 대조적으로, 초기 기억은 뚜렷한 에피소드(episode)를 수반한다. 이 일회성 경험은 해석 목적을 위해 보고와는 구별되어야 한다.

수

일반적으로 특정 시간에 관리할 수 있는 평가 경험은 한 개인에게 하나의 초기 기억을 고려하는 것이다. 관리와 해석 과정이 매우 복잡해서 하나의 기억조차 그 기억을 정확하게 처리하기 위해서는 집중적인 노력이 필요하다. 초기 기억 작업을 하면서 얻은 경험에서, 한 개인의 추가적 기억들이 한 번에 도출되고 해석될 수 있다. 심리상담에서 나는 한 회기에 내담자의 3개의 초기 기억을 평가하는 것이 해석 목적을 위해 실행 가능한 숫자라는 것을 알게 되었다.

감정에 관한 불확실성

일반적으로 개인은 자신의 초기 기억에서 가장 생생한 측면과 관련된 자신의 감정을 정확하게 확인할 수 있다. 그러나 가끔 일부 사람은 이 핵심적인 후속 질문들에 응답할 때 자신의 감정을 묘사하거나 확인하는 데 어려움을 겪기도 한다. 이런 경우에 그 사람에게 자신의 감정을 전달하는 데 필요한 시간을 허용하면 종종 정서적 반응이 유발된다. 만약 짧은 기간이 지난 후에도 여전히 기억의 가장 생생한 측면과 관련된 감정을 표현하지 못한다면, 질문 과정을 마무리하는 것이 더 좋다. 기억을 해석할 때, 개인의 감정을 아는 이점이 없이 해석하는 것을 고려하라. 하지만 초기 기억에서 가장 생생한 측면에 대한 감정 반응을 생략하면 기억을 보다 정확하게 이해할 가능성이 감소한다는 점을 명심하라.

기록하기

초기 기억을 끌어낼 때, 그 기억과 후속 질문을 축어록으로 기록해 두려고 하는 것은 건전한 습관이다. 나중에 참조할 수 있는 서면 자료가 없으면, 개인의 초기 기억을 정확하게 다시 상기하고 해석하는 것이 어렵거나 심지어 불가능할 수 있다. 후속 질문에 대한 응답을 포함하여 초기 기억에 관한 이야기는 일반적으로 간략하다. 그러나 때때로 좀 더 긴 이야기가 발생하고, 약어를 쓰는 것은 개인의 의사소통 표현과 보조를 맞추는 것을 돕는 하나의 전략이다.

지시문

어떤 사람에게 초기 기억을 평가하는 아이디어를 소개하고 대화를 할 편안한 분위기를 조성한 후에, "당신이 아주 어릴 때인 오래전으로 돌아가 생각해 보십시오. 그리고 당신이 기억할 수 있는 최초의 것 중에 하나, 초기 기억 중 하나를 떠올려 보십시오."라고 말하면서 기억을 끌어내기 시작하라. 개인이 기억을 표현하는 것을 완료한 것으로 보이면, 즉시 세 가지 후속 질문을 하라.

1. "기억에서 당신이 회상할 수 있는 또 다른 것이 있습니까?"
2. "기억에서 당신은 어떤 부분을 가장 잘 기억하십니까?"
3. "그때 당신은 기분이 어떠셨습니까?" 또는 "그 당시 당신은 어떤 감정이 드셨다고 기억하십니까?"

초기 회상을 해석하기

초기 회상을 해석하기 위해 '기억의 새벽 모델'을 사용할 때, 〈표 11-1〉은 핵심 주제, 성격 특성, 지각 양상의 개요를 제공한다. 이 항목들을 참조하는 것이 개인과의 해석 과정에서 도움이 될 수 있다. 핵심 주제는 개인의 기억에서 주요 아이디어 또는 중심 주제를 명확히 하고, 이 주제의 초점은 종종 개인의 일상생활에 커다란 영향을 미친다. 성격 특성은 개인의 심리적 행복과 잠재력에 중요한 다섯 가지의 인간적 자질을 포함한다. 지각 양상은 사람이 삶을 지각하고 관여하는 방식을 통찰하는 다양한 능력과 관련이 있다. 비록 해석 모델이 세 가지 측면들을 구별하지만, 기능과 이해 측면에서 인간의 행동에는 통일성이 있다. 이런 점에서 개인을 아는 방법들을 함께 전체적으로 모을 때, 한 개인을 더욱더 포괄적으로 이해할 수 있다. 이 책의 제5장 '호루라기'는 벤자민 프랭클린의 삶의 맥락에서 다중 관점 모델(multiple perspective model)을 통합하기 위한 개요를 제공한다.

〈표 11-1〉 기억의 새벽, 초기 회상 해석 모델

- 핵심 주제
- 성격 특성
  - 활동 정도: 사건에서의 진취성, 지속성, 참여도
  - 사회적 관심: 다른 사람과 관련된 동정심, 협력, 기여
  - 낙관적/비관적: 긍정적 또는 부정적 사건의 기대
  - 자기효능감: 도전을 극복하고 성공을 예측하는 능력에 대한 믿음
  - 성실성: 책임감, 근면성, 인내심, 생산성
- 지각 양상
  - 감각
    · 시각
    · 청각
    · 촉각
    · 후각
    · 미각
  - 색
  - 장소
  - 대상

핵심 주제

초기 회상의 핵심 메시지를 이해하는 열쇠는 두 번째 후속 질문을 고려하는 것이다. "기억에서 당신은 어떤 부분을 가장 잘 기억하십니까?"라는 질문에 대한 반응은 종종 기억의 핵심 주제를 정확히 보여 준다. 마지막 후속 질문인 "그때 당신은 기분이 어떠셨습니까?" 또는 "그때 당신은 어떤 감정이 드셨다고 기억하십니까?"는 종종 기억의 핵심적인 주제와 관련된 개인의 반응이나 느낌을 명확하게 한다. 이 책의 제6장 '큰 그림을 포착하기'는 초기 기억의 핵심 주제에 대한 심층 분석을 제시한다.

성격 특성

초기 회상 모델에서 성격 특성은 활동 정도, 사회적 관심, 낙관주의/비관주의, 자기효능감과 성실성을 포함한다. 해석 작업은 개인의 초기 기억에서 각 특성이 나타나는 상대적인 정도를 추정하는 것과 관련이 있다. 이 책의 제7장 '진정으로 나다운 나 되기'가 초기 회상에서의 성격 특성들과 그 질적 표현을 포괄적으로 설명한다.

지각 양상

초기 회상 해석 모델은 감각, 색, 장소, 대상에 초점을 맞춘 지각 양식을 상세히 보여 준다. 초기 기억에서 각 양상의 중요성을 결정하는 것은 개인이 어떻게 삶을 인지하고 관여하는지를 이해하는 데 이바지한다. 이 책의 제8장 '나는 곧 내가 지각한 것이다'에서 지각 양식과 개인의 다양한 삶의 방식과의 관계를 논의한다.

초기 회상에 관한 최종적인 생각

우리가 어린 시절의 기억을 선택할 수는 없지만, 그 기억을 이해하려고 노력할 수는 있다. 개인이 태어난 후 초기 몇 년에, 기억할 만한 이미지들이 뿌리 깊이 자리를 잡아서 삶이 어떤 것인지 또는 무엇인지에 관한 강력한 메시지를 전한다. '기억의 새벽 모델'을 활용할 때, 초기 기억은 인간 발달의 초기와 형성기에 확립된 깊은 신념을 전달하는 인간 기능의 중요한 영역을 반영한다. 초기 회상을 통해 이야기된 짧은 이야기들은 개인이 지향하고 개인에게 의미 있는 삶의 양상에 관한 통찰을 잠재적으로 드러낸다.

초기 회상은 모두 독특하고, 각각의 기억은 개인의 개성을 파악하는 잠재적 수단을 제공한다. 초기 기억 속의 많은 경험은 자아실현의 측면에서 인간에 관한 기본적이고 근본적인 이해를 시사한다. 종종 초기 기억에 나타나고 사람들에게 가장 매력적인 것은 더 단순하고 접근하기 쉬운 삶의 영역이다. 이런 점에서 초기 회상에서와 같이 개인은 다른 사람과의 관계를 모색하거나 활동에 참여하면서 종종 삶에서 만족과 의미를 찾는다.

많은 어린아이가 초기 어린 시절에 장엄한 자연환경과 화려한 인공적인 환경을 볼 수 있는 멋진 행운을 누렸다. 하지만 높은 절벽에서 바다를 바라보거나, 아른아른 빛나는 맑은 호수를 들여다보거나, 도시 고층 건물의 30층에서 내려다보는 등의 기회가 있었음에도 이런 것들은 초기 기억에서 전형적으로 나타나는 경험은 아니다. 대신에, 기억을 통해 경험을 간직하고 있는 사람 외에는 그 누구도 특별히 기억할 만하지 않은 일상 활동과 사건들로 기억의 내용은 대부분 구성된다. 뒷마당에서 특별한 장난감을 가지고 놀거나 처음으로 자전거를 타는 것 같은 경우가 초기 기억의 내용을 더 잘 표현한다. 초기 회상이 삶의 지침 목적으로 사용된다는 것을 인식하는 것이 왜 기억이 종종 더 평범하고 다소 단순한지를 설명하는 데 도움이 된다. 동시에 어린 시절에 삶이 주는 놀라운 경험들이 어린아이에게 확실히 감동을 주고 영향을 미치지만, 단지 특정한 사건들만이 초기 기억의 저장소에 남는다.

초기 회상은 개인이 삶을 어떻게 인지하는지를 독특하게 묘사한다. 『아들러심리학에 기반을 둔 초기 회상의 의미와 해석 -사례 및 해석 모델을 중심으로-』에서 언급된 이해를 돕는 이야기들을 되돌아봄으로써 이러한 관점들을 엿볼 수 있다. 특정한 사람에게 초기 회상은 삶이 활기를 주거나 심지어는 풍성하다는 것을 암시하는 개인적 확신을 전달한다. 이러한 개인은 일반적으로 인생의 사건들이 긍정적이고 만족스럽다는 것을 깨닫는다. 일부 다른 사람의 경우에는, 자신의 초기 기억이 부담스럽거나 혹은 어쩌면 암울한 이미지를 담고 있어서, 따라서 삶의 경험은 훨씬 덜 만족스러운 것처럼 보인다. 그러나 심지어 고통스럽거나 불안감으로 주는 초기 회상을 지닌 개인조차도, 기억에서 드러난 뿌리 깊은 개인적 특성과 관점은 변화와 발달의 전망에 따라 좌우된다. 초기 기억을 통해 드러난 삶의 방식의 독특한 특성과는 상관없이, 모든 사람은 인생에서 성장할 수 있는 보편적 잠재력을 공유한다.

후주

chapter 01 들어가며: 초기 회상의 소개

1. Baldwin, *One to One*, 68.
2. Clark, *Early Recollections: Theory and Practice*, 92.
3. Eacott, "Memory for the Events of Early Childhood," 46; Waldfogel, "The Frequency and Affective Character," 1.
4. Josselson, "Stability and Change."
5. Adler, *The Science of Living*, 48–57.
6. Clark, *Early Recollections: Theory and Practice*, 52–54.
7. Clark, *Early Recollections: Theory and Practice*, 52–54; Mwita, "Martin Luther King Jr.'s Lifestyle."
8. Carter, *An Hour before Daylight*, 28–29,
9. Brinkley, *The Unfinished Presidency*.
10. Brinkley, *The Unfinished Presidency*.
11. Carter, *Beyond the White House*; Carter, *Our Endangered Values*, 30.

chapter 02 과거를 회상하며 미래를 바라보기: 초기 기억에 관한 역사적 고찰

1. Yeats, *Autobiographies*, 5.

2. Miles, "A Study of Individual Psychology," 535.

3. Miles, "A Study of Individual Psychology," 555.

4. Henri, "Our Earliest Memories," 303–5.

5. Henri and Henri, "Enquête sur les Premiers Souvenirs de L'enfance"; Henri and Henri, "Earliest Recollections."

6. Henri, "Our Earliest Memories," 304.

7. Henri and Henri, "Earliest Recollections," 114.

8. Henri, Victor. "Our Earliest Recollections of Childhood." *Psychological Review* 2 (1895): 215–16.

9. Henri and Henri, "Earliest Recollections," 109.

10. Henri and Henri, "Earliest Recollections," 109.

11. Henri and Henri, "Earliest Recollections," 113.

12. Colegrove, "Individual Memories"; Henri and Henri, "Enquête sur les Premeiers Souvenirs de L'enfance"; Henri and Henri, "Earliest Recollections": Howe, *The Fate of Early Memories*; Howe, *The Nature of Early Memory*; Kihlstrom and Harackiewicz, "The Earliest Recollection"; Waldfogel, "The Frequency and Affective Character."

13. Crook and Harden, "A Quantitative Investigation," 673–74; Dudycha and Dudycha, "Some Factors and Characteristics," 268; Dudycha and Dudycha, "Childhood Memories," 673–74; Kihlstrom and Harackiewicz, "The Earliest Recollection," 144–45.

14. Dudycha and Dudycha, "Some Factors and Characteristics," 268: Rubin, "The Distribution of Early Childhood Memories," 268; Waldfogel, "The Frequency and Affective Character," 11.

15. Waldfogel, "The Frequency and Affective Character," 11–12.

16. Dudycha and Dudycha, "Adolescents' Memories of Preschool Experiences"; Kihlstrom and Harackiewicz, "The Earliest Recollection"; Waldfogel, "The Frequency and Affective Character"; Westman and Westman, "First Memories."

17. Freud, "The Psychopathology of Everyday Life," 43–52.

18. Colegrove, "Individual Memories," 229.

19. Gordon, "A Study of Early Memories," 130-31.

20. Gordon, "A Study of Early Memories," 132.

21. Epstein, "Social Class Membership"; Pattie and Cornett, "Unpleasantness of Early Memories."

22. Waldfogel, "The Frequency and Affective Character," 18-19.

23. Potwin, "Study of Early Memories," 598; Saunders and Norcross, "Earliest Childhood Memories," 100; Westman and Westman, "First Memories," 329-30.

24. Saunders and Norcross, "Earliest Childhood Memories," 100.

chapter **03**   초기 회상, 나의 인생 이야기: 성격 역동, 초기 회상 그리고 알프레드 아들러

1. Adler, *What Life Should Mean to You*, 75.

2. Ansbacher, "Adler's Interpretation of Early Recollections," 134-35.

3. Freud, "The Psychopathology of Everyday Life," 43.

4. Adler, *Understanding Human Nature*, 48-49.

5. Ansbacher, "Adler's Interpretation of Early Recollection," 135-36.

6. Sweeney, *Adlerian Counseling and Psychotherapy*, 7-8.

7. Adler, *What Life Should Mean to You,* 73.

8. Adler, *The Science of Living*, 48-49.

9. Adler, *Understanding Human Nature*, 48.

10. Adler, *The Science of Living*, 38-47; Ansbacher, "Life Style."

11. Adler, *What Life Should Mean to You*, 74.

12. Adler, *The Science of Living*, 50-68; Adler, *What Life Should Mean to You*, 86-92.

13. Adler, "Significance of Early Recollections," 284.

14. Adler, *What Life Should Mean to You*, 56-60.

15. Adler, "Significance of Early Recollections," 283.

16. Adler, *Social Interest*; Ansbacher, "Social Interest."

17. Adler, *Social Interest*; Ansbacher, "Social Interest"; Clark, "Empathy

and Alfred Adler."

18. Adler, "Significance of Early Recollections," 283.

19. Adler, *Understanding Human Nature*, 60-62; Clark and Simpson, "Imagination."

20. Ansbacher and Ansbacher, *The Individual Psychology of Alfred Adler*, 163-71; Clark and Butler, "Degree of Activity"; Lundin, *Alfred Adler's Basic Concepts*, 49-55.

21. *Fried, Active/Passive.*

22. Ansbacher and Ansbacher, *The Individual Psychology of Alfred Adler*, 164.

23. Adler, "The Fundamental Views of Individual Psychology," 6-8; Ansbacher, "Individual Psychology," 51-52.

24. Adler, "The Fundamental Views of Individual Psychology," 6; Ansbacher, "Individual Psychology," 62.

25. Adler, *What Life Should Mean to You*, 74; Mosak, "Early Recollections," 305.

26. Dreikurs, *Psychodynamics, Psychotherapy, and Counseling*, 10.

27. Adler, *The Science of Living*, 16-17; Sweeney, *Adlerian Counseling and Psychotherapy*, 14-16.

chapter 04   인생은 내가 처음 기억하는 것이다: 초기 회상의 해석과 의미

1. Axline, *Dibs: In Search of Self,* 216.

2. Cosgrove and Ballou, "A Complement to Lifestyle Assessment."

3. Eacott, "Memory for the Events of Early Childhood," 46; Waldfogel, "The Frequency and Affective Character," 1.

4. Adler, *The Science of Living*, 48-57; Adler, "Significance of Early Recollections."

5. Hedvig, "Stability of Early Recollections," 28; Josselson, "Stability and Change."

6. Josselson, "Stability and Change."

7. Clark, "Early Recollections: A Humanistic Assessment"; Clark, "Projective Techniques."

8. Rose, Kaser-Boyd, and Maloney, *Essentials of Rorschach Assessment*.

9. Clark, *Theory and Practice*, 92.

10. Adler, *The Science of Living*, 48.

11. Adler, *What Life Should Mean to You*, 75; Adler, *The Science of Living*; Adler, "Significance of Early Recollections."

12. Adler, "Significance of Early Recollections," 285.

13. Bruhn, "Earliest Childhood Memories"; Clark, *Early Recollections*; Langs, "Earliest Memories and Personality"; Levy, "Early Memories"; Lord, "On the Clinical Use of Children's Early Recollections"; Manaster and Perryman, "Early Recollections and Occupational Choice"; Mayman, "Early Memories and Character Structure"; Powers and Griffith, *Understanding Life-Style*.

14. Adler, *Social Interest*, 212-13; Adler, "Significance of Early Recollections," 284; Clark and Butler, "Degree of Activity"; McCarter, Schiffman, and Tomkins, "Early Recollections as Predictors."

15. Manaster, Berra, and Mays, "Manaster-Perryman Early Recollections Scoring Manual"; Manaster and Perryman, "Occupational Choice."

16. Sweeney and Myers, "Early Recollections: An Adlerian Technique with Older People," 9.

17. Clark, "Early Recollections and Object Meanings."

18. Clark, "An Early Recollection of Albert Einstein."

chapter 05 호루라기: 기억의 새벽 – 초기 회상 해석 모델

1. Huyghe, "Voices, Glances, Flashbacks."

2. Franklin, *A Biography in His Own Words*.

3. Tourtellot, *Benjamin Franklin: The Shaping of a Genius*, 129.

4. Franklin, *A Biography in His Own Words*, 29.

5. Lemay, "The Life of Benjamin Franklin," 29.

6. Van Doren, *Benjamin Franklin*, 110.

7. Franklin, *A Biography in His Own Words*, 153; Van Doren, *Benjamin Franklin*, 109.

8. Keyes, *Ben Franklin: An Affectionate Portrait*, 157; Lemay, "Life of Benjamin Franklin," 39.

9. Isaacson, *Benjamin Franklin: An American Life*, 1-2; Lemay, "Life of Benjamin Franklin," 28; Smith, "Benjamin Franklin, Civic Improver," 91-92.

10. Lemay, "Life of Benjamin Franklin," 36.

11. Lemay, "Life of Benjamin Franklin," 53.

12. Smyth, *The Writings of Benjamin Franklin*, 183-84, 191-92; Van Doren, *Benjamin Franklin*, 8.

13. Clark, *Theory and Practice*, 92.

14. McLaughlin and Ansbacher, "Sane Ben Franklin," 195; Tourtellot, *Shaping of a Genius*, 29.

15. Franklin, *Poor Richard's Almanack*, 493.

16. Tourtellot, *Benjamin Franklin: The Shaping of a Genius*, 129.

17. Isaacson, *Benjamin Franklin: An American Life*, 73.

18. Lemay, "Life of Benjamin Franklin," 27.

19. Clark and Butler, "Degree of Activity."

20. Bruhn, "In Celebration of His 300th Birthday," 38.

21. Ansbacher, "Alfred Adler's Concept"; Adler, *Social Interest*.

22. McLaughlin and Ansbacher, "Sane Ben Franklin."

23. Franklin, *Poor Richard's Almanack*, 466.

24. Aspinwall, Richter, and Hoffman III, "Understanding How Optimism Works."

25. Carver, Scheier, and Segerstrom, "Optimism."

26. Isaacson, *Benjamin Franklin: An American Life*, 490.

27. Ashford, Edmunds, and French, "What Is the Best Way to Change Self-Efficacy?"; Bandura, *Self-Efficacy: The Experience of Control*;

Pomeroy and Clark, "Self-Efficacy and Early Recollections."

28. Franklin, *A Biography in His Own Words*, 68; Smith, "Benjamin Franklin, Civic Improver," 108.

29. Keyes, *An Affectionate Portrait*, 63, 69.

30. Roberts, Walton, and Bogg, "Conscientiousness and Health."

31. Franklin, *A Biography in His Own Words*, 83.

32. Lemay, "Life of Benjamin Franklin," 18-19.

33 Franklin, *A Biography in His Own Words*; Keyes, *An Affectionate Portrait*, 62; Van Doren, *Benjamin Franklin*, 69.

34. Franklin, *A Biography in His Own Words*, 73.

35. Clark, "Early Recollections and Sensory Modalities."

36. Isaacson, *Benjamin Franklin: An American Life*, 266; Keyes, *An Affectionate Portrait*, 68; Smyth, *The Writings of Benjamin Franklin*, 210.

37. Clark, "Meaning of Color."

38. Clark, "Experience of Place."

39. Isaacson, *Benjamin Franklin: An American Life*, 487; Tourtellot, *Benjamin Franklin: The Shaping of a Genius*, 133.

40. Tourtellot, *Benjamin Franklin: The Shaping of a Genius*, 130.

41. Clark, "Object Meanings," 124.

chapter 06 큰 그림을 포착하기: 핵심 주제와 초기 회상

1. Dreikurs, *Psychodynamics, Psychotherapy, and Counseling*, 87.

2. Clark, *Early Recollections*, 104-6.

3. Clark, "Empathy," 349-50.

4. Clark, *Early Recollections*, 92-93; Olson, "Techniques of Interpretation," 71-73.

chapter 07 진정으로 나다운 나 되기: 성격 특성과 초기 회상

1. Christie, *Agatha Christie: An Autobiography*, iii.
2. Adler, *Social Interest*.
3. Adler, "Significance of Early Recollections," 283.
4. Fried, *Active/Passive*, 3-11.
5. Friedman and Martin, *The Longevity Project*, 34-35; Lyubomirsky, *The How of Happiness*, 245.
6. Clark and Butler, "Degree of Activity," 141; Lundin, *Alfred Adler's Basic Concepts*, 49-55.
7. Adler, *Social Interest*.
8. Clark, "Empathy and Alfred Adler," (forthcoming); Clark, "A New Model of Empathy in Counseling"; Highland, Kern, and Curlette, "Murderers and Nonviolent Offenders"; Seligman, *Learned Optimism*, 288-90.
9. Adler, "The Fundamental Views of Individual Psychology."
10. Friedman and Martin, *The Longevity Project*, 167.
11. Adler, "Significance of Early Recollections," 283.
12. Scheier, Carver, and Bridges, "Optimism, Pessimism," 191; Marshall, Wortman, Kusulas, Heruing, and Vickers, "Distinguishing Optimism from Pessimism," 1071-72; Tennen and Affleck, "The Costs and Benefits," 382.
13. Aspinwall, Richter, and Hoffman, "Understanding How Optimism Works," 218.
14. Scheier, Carver, and Bridges, "Optimism, Pessimism"; Seligman, *Flourish*, 204-6; Sharot, *The Optimism Bias*, 57.
15. Carver, Scheier, and Segerstrom, "Optimism"; Sharot, *The Optimism Bias*, 58; Zuckerman, "Optimism and Pessimism: Biological Foundations," in *Optimism and Pessimism*, 178-81.
16. Dinter, "The Relationship between Self-Efficacy and Lifestyle Patterns"; Zulkosky, "Self-Efficacy: A Concept Analysis," 94.

17. Ashford, Edmunds, and French, "What Is the Best Way to Change Self-Efficacy"; Bandura, "Health Promotion"; Brady-Amoon and Fuertes, "Self-Efficacy"; Paxton, Motl, Aylward, and Nigg, "Physical Activity and Quality of Life"; Zulkosky, "Self-Efficacy: A Concept Analysis."

18. Bandura, "Self-Efficacy Conception of Anxiety," 100.

19. Bandura, "Human Agency"; Bandura, "Self-Efficacy Conception of Anxiety"; Cervone, "Thinking About Self-Efficacy"; Kelly and Daughtry, "The Role of Recent Stress."

20. Bandura, "Self-Efficacy Conception of Anxiety," 100-101.

21. Jackson, Wood, Bogg, Walton, Harms, and Roberts, "What Do Conscientious People Do?"; McCrae and John, "An Introduction to the Five-Factor Model," 178; McCrae and Costa, *Personality in Adulthood*, 46-47.

22. McCrae and Costa, *Personality in Adulthood*, 46-47, 50-51.

23. Boyce, Wood, and Brown, "The Dark Side of Conscientiousness," 535; McCrae and John, "An Introduction to the Five-Factor Model."

24. Friedman and Martin, *The Longevity Project*, 9, 15; Kern, Friedman, Martin, Reynolds, and Luong, "Conscientiousness, Career Success, and Longevity," 157; O'Connor, Conner, Jones, McMillan, and Ferguson, "Exploring the Benefits of Conscientiousness"; Roberts, Walton, and Bogg, "Conscientiousness and Health,"159-60.

25. Roberts, Walton, and Bogg, "Conscientiousness and Health," 162-163.

26. Roberts, Walton, and Bogg, "Conscientiousness and Health," 157.

27. Lyubomirsky, *The How of Happiness*, 222-25; Seligman, *Flourish*, 125.

28. Clark, *Defense Mechanisms*; Mozdzierz, Peluso, and Lisiecki, *Principles of Counseling and Psychotherapy*, 19-20.

chapter **08**   나는 곧 내가 지각한 것이다: 지각과 초기 회상

1. Huxley, *Ends and Means*, 333.

2. Dudycha and Dudycha, "Childhood Memories," 675–76; Henri and Henri, "Earliest Recollections"; Kihlstrom and Harackiewicz, "The Earliest Recollection," 139–40.

3. Clark, "Early Recollections and Sensory Modalities," 363.

4. Potwin, "Study of Early Memories," 598; Saunders and Norcross, "Earliest Childhood Memories," 100; Westman and Wautier, "Early Autobiographical Memories."

5. Clark, "Early Recollections and Sensory Modalities," 363–64.

6. Kabat-Zinn, *Coming to Our Senses*, 221–23; Montagu, *Touching*; Thayer, "Social Touching," 267–72.

7. Saunders and Norcross, "Earliest Childhood Memories," 100; Westman and Orellana, 532; Westman, Westman, and Orellana, "Earliest Memories and Recall by Modality."

8. Clark, "Early Recollections and Sensory Modalities," 357–58.

9. Laird, "What Can You Do with Your Nose?" 126; Schab, "Odors," 648.

10. Gibbons, "The Intimate Sense of Smell," 324.

11. Kihlstrom and Harackiewicz, "The Earliest Recollection," 139; Westman and Westman, "First Memories," 329.

12. Clark, "Early Recollections and Sensory Modalities," 359.

13. Cowart, "Development of Taste Perception in Humans"; Kihlstrom and Harackiewicz, "The Earliest Recollection," 139; Saunders and Norcross, "Earliest Childhood Memories," 100.

14. Ramachandran and Hubbard, "Hearing Colors, Tasting Shapes."

15. Ackerman, *A Natural History of the Senses*, 287–99; Ramachandran and Hubbard, "Hearing Colors, Tasting Shapes," 83.

16. Ramachandran and Hubbard, "Hearing Colors, Tasting Shapes," 78.

17. Williams and Bonvillian, "Early Childhood Memories in Deaf and Hearing College Students."

18. Heller, "Haptic Perception in Blind People," 240.
19. Heller, "Haptic Perception in Blind People," 245-47.
20. Clark, "On the Meaning of Color," 142.
21. Clark, "On the Meaning of Color," 148-50.
22. Clark, "Early Recollections and the Experience of Place," 215.
23. Clark, "Early Recollections and the Experience of Place," 215; Stewart, "Individual Psychology and Environmental Psychology," 73.
24. Hay, "Sense of Place in Developmental Context"; Holmes, Patterson, and Stalling, "Sense of Place."
25. Clark, "Early Recollections and Object Meanings," 124.
26. Clark, "Early Recollections and Object Meanings," 130-31.
27. Cohen and Clark, "Transitional Object Attachment"; Winnicott, "Transitional Objects and Transitional Phenomena."

chapter 09 예를 통해 배우기: 역사적 인물들의 초기 회상

1. Wrigley, *Winston Churchill*, xxiv.
2. Clark, *Early Recollections: Theory and Practice in Counseling and Psychotherapy*, 52-54; Mwita, "Martin Luther King Jr.'s Lifestyle."
3. Cunningham, *In Pursuit of Reason*, 2.
4. Meacham, *Thomas Jefferson: The Art of Power*, 137-43; Randall, *Thomas Jefferson: A Life*.
5. Ellis, *American Sphinx*, 271; Risjord, *Jefferson's America*.
6. Randolph, *The Domestic Life of Thomas Jefferson*.
7. Randolph, *The Domestic Life of Thomas Jefferson*, 23.
8. Randolph, *The Domestic Life of Thomas Jefferson*, 23.
9. Ellis, *American Sphinx*, 45.
10. Cunningham, *In Pursuit of Reason*, 5.
11. Kelly-Gangi, *Thomas Jefferson*, 8.
12. Hatch and Waters, *A Rich Spot of Earth*.

13. Cunningham, *In Pursuit of Reason*, 343.

14. Cunningham, *In Pursuit of Reason*, 134.

15. Gordon-Reed, *The Hemingses of Monticello*, 94.

16. Ellis, *American Sphinx*, 280; Gordon-Reed, *The Hemingses of Monticello*, 94; Randall, *Life of Thomas Jefferson*, 11.

17. Gordon-Reed, *The Hemingses of Monticello*.

18. Randall, *Life of Thomas Jefferson*, 474.

19. Ellis, *American Sphinx*, 344.

20. Meacham, *Thomas Jefferson: The Art of Power*, 425-35; Randall, *Thomas Jefferson: A Life*, 579-83.

21. Boyd et al., *The Papers of Thomas Jefferson*, 10.

22. Cunningham, *In Pursuit of Reason*, 323.

23. Cunningham, *In Pursuit of Reason*, 333.

24. Ellis, *American Sphinx*, 45.

25. White and Gribbin, *Einstein: A Life in Science*.

26. Clark, "Early Recollection of Albert Einstein."

27. Einstein, *Ideas and Opinions*.

28. Einstein, *Autobiographical Notes*.

29. Isaacson, *Einstein: His Life and Universe*, 548.

30. Einstein, *Ideas and Opinions*, 11.

31. Isaacson, *Einstein: His Life and Universe*, 367.

32. Isaacson, *Einstein: His Life and Universe*, 358.

33. White and Gribbin, *Einstein: A Life in Science*.

34. Isaacson, *Einstein: His Life and Universe*, 67.

35. Isaacson, *Einstein: His Life and Universe*, 393.

36. Isaacson, *Einstein: His Life and Universe*, 367.

37. Isaacson, *Einstein: His Life and Universe*, 520.

38. Isaacson, *Einstein: His Life and Universe*, 441.

39. Isaacson, *Einstein: His Life and Universe*, 9.

40. Brian, *Einstein: A Life*, 185-86.

41. Einstein, *Ideas and Opinions*, 8.

42. Teresa, *Mother Teresa: Come Be My Light*, 14.

43. Teresa, *Mother Teresa: Come Be My Light*, 40; Royle and Woods, *Mother Theresa: A Life in Pictures*, 21.

44. Teresa, *Mother Teresa: Come Be My Light*, 139.

45. Teresa, Mother. *Mother Teresa: No Greater Love*. Edited by Becky Benenate and Joseph Durepos. Novato, CA: New World Library, 1997, 309.

46. Royle and Woods, *Mother Teresa: A Life in Pictures*, 39.

47. Teresa, *Mother Teresa: Where There Is Love*, 291; Royle and Woods, *Mother Theresa: A Life in Pictures*, 47-48.

48. Teresa, *Mother Teresa: Come Be My Light*, 333.

49. Teresa, *Mother Teresa: Where There Is Love*, 79.

50. Teresa, *Mother Teresa: Where There Is Love*, xii.

51. Spink, *Mother Teresa*, 35; Vazhakala, *Life with Mother Teresa*, 84.

52. Teresa, *Mother Teresa: Come Be My Light*, 34.

53. Teresa, *No Greater Love*, 66.

54. Teresa, *No Greater Love*, 90.

55. Teresa, *No Greater Love*, 28.

56. Teresa, *Mother Teresa: Come Be My Light*, 233.

57. Teresa, *Mother Teresa: Come Be My Light*, 121, 131.

58. Teresa, *Mother Teresa: Come Be My Light*, 21-22, 157-58.

59. Vazhakala, *Life with Mother Teresa*, 122.

60. Teresa, *Mother Teresa: Where There Is Love*, 93.

61. Teresa, *Mother Teresa: Where There Is Love*, 83.

62. Royle and Woods, *Mother Teresa: A Life in Pictures*, 19; Spink, *Mother Teresa*, 8.

63. Teresa, *Mother Teresa: Where There Is Love*, 337-38.

64. Teresa, *Mother Teresa: Come Be My Light*, 170.

65. Teresa, *Mother Teresa: Where There Is Love*, 245.

chapter **10**   나의 세계를 이해하기: 심리상담 및 심리치료에서의 초기 회상

1. May, *Man's Search for Himself*, 258.
2. Clark, *Early Recollections: Theory and Practice*, 57-75.
3. Manaster and Corsini, *Individual Psychology*, 179, 189.
4. Ladd and Churchill, *Person-Centered Diagnosis*, 60-61; Segal, "Appraisal of the Self-Schema Construct."
5. Carlson and Dinkmeyer, "Couple Therapy"; Deaner and Pechersky, "Early Recollections: Enhancing Case Conceptionalization"; Eckstein, Welch, and Gamber, "The Process of Early Recollections (PERR) for Couples and Families"; Hawes, "Early Recollections: A Compelling Intervention in Couples Therapy"; Peluso and MacIntosh, "Emotionally Focused Couples Therapy," 259-60.
6. Bruhn, "Children's Earliest Memories"; Clark, "Early Recollections: A Personality Assessment Tool"; Janoe, "Using Early Recollections"; LaFountain and Gardner, *A School with Solutions*, 67-72, 81-85; Myer and James, "Early Recollections"; Statton and Wilborn, "Adlerian Counseling"; Watkins and Schatman, "Using Early Recollections in Child Psychotherapy."
7. Sweeney, "Early Recollections: A Promising Technique"; Sweeney and Myers, "Early Recollections: An Adlerian Technique with Older People."
8. Hafner and Fakouri, "Early Recollections and Vocational Choice"; Manaster and Perryman, "Early Recollections and Occupational Choice"; McKelvie, "Career Counseling with Early Recollections"; Watkins, "Using Early Recollections in Career Counseling"; Watts and Engels, "The Life Task of Vocation."
9. Attarian, "Early Recollections: Predictors of Vocational Choice"; Watkins, "Using Early Recollections in Career Counseling."
10. Crites, *Vocational Psychology*, 408-68.
11. Clark, *Empathy in Counseling and Psychotherapy*, 187-210;

Clark, "A New Model of Empathy in Counseling"; Egan, *The Skilled Helper*, 104–33; Ivey, Ivey, and Zalaquett, *Essentials of Intentional Interviewing*, 131–34; Sommers–Flanagan and Sommers–Flanagan, *Counseling and Psychotherapy Theories*, 161–62; Young, *Learning the Art of Helping*, 19–20, 58–60.

chapter 11   나의 눈과 당신의 눈으로 바라보기: 개인적 용도로의 초기 회상

1. Hampl, *A Romantic Education*, 5.
2. Estrade, *You Are What You Remember*; Leman, *What Your Childhood Memories Say About You*; Leman and Carlson, *Unlocking the Secrets of Your Childhood*; Singer, *Memories That Matter*.

참고문헌

Ackerman, Diane. *A Natural History of the Senses.* New York: Vintage Books, 1995.

Adler, Alfred. *The Practice and Theory of Individual Psychology.* 1920. Translated by P. Radin. Totowa, NJ: Littlefield, Adams, 1968.

Adler, Alfred. *Understanding Human Nature.* Translated by Walter Beran Wolfe and Leland E. Hinsie. New York: Greenberg, 1927.

Adler, Alfred. *The Pattern of Life.* 1930. 2nd ed. Edited by Walter Beran Wolfe. Chicago: Alfred Adler Institute of Chicago, 1982.

Adler, Alfred. "The Fundamental Views of Individual Psychology." *International Journal of Individual Psychology* 1, no. 1 (1935): 5–8.

Adler, Alfred. "Significance of Early Recollections." *International Journal of Individual Psychology* 3, no. 4 (1937): 283–87.

Adler, Alfred. *What Life Should Mean to You.* 1931. Edited by Alan Porter. New York: Capricorn Books, 1958.

Adler, Alfred. *Social Interest: A Challenge to Mankind.* 1933. Translated by John Linton and Richard Vaughn. New York: Capricorn Books, 1964.

Adler, Alfred. *The Science of Living*. 1929. Edited by Heinz L. Ansbacher. Garden City, NY: Anchor Books, 1969.

Ansbacher, Heinz L. "Life Style: A Historical and Systematic Review." *Journal of Individual Psychology* 23, no. 2 (1967): 191–203.

Ansbacher, Heinz L. "Adler's Interpretation of Early Recollections: Historical Account." *Journal of Individual Psychology* 29, no. 2 (1973): 135–45.

Ansbacher, Heinz L. "Individual Psychology." In *Contemporary Personality Theories*, edited by Raymond Corsini, 45–82. Itasca, IL: F. E. Peacock, 1977.

Ansbacher, Heinz L. "The Concept of Social Interest." *Individual Psychology: The Journal of Adlerian Theory, Research and Practice* 71, no. 1 (1991): 28–46.

Ansbacher, Heinz L. "Alfred Adler's Concepts of Social Interest and Community Feeling and the Relevance of Community Feeling for Old Age." *Individual Psychology: The Journal of Adlerian Theory, Research, and Practice* 48, no. 4 (1992): 402–12.

Ansbacher, Heinz L., and Rowena R. Ansbacher, eds. *The Individual Psychology of Alfred Adler: A Systematic Presentation in Selections from His Writings*. New York: Basic Books, 1956.

Ashford, Stefanie, Jemma Edmunds, and David P. French. "What Is the Best Way to Change Self-Efficacy to Promote Lifestyle and Recreational Physical Activity?: A Systematic Review with Meta-Analysis." *British Journal of Health Psychology* 15, no. 2 (2010): 265–88.

Aspinwall, Lisa G., Linda Richter, and Richard R. Hoffman III. "Understanding How Optimism Works: An Examination of Optimists' Adaptive Moderation of Belief and Behavior." In *Optimism and Pessimism Implications for Theory, Research, and Practice*, edited by Edward C. Chang, 217–38. Washington, DC: American Psychological Association, 2001.

Attarian, Peter J. "Early Recollections: Predictors of Vocational Choice." *Journal of Individual Psychology* 34, no. 1 (1978): 56–62.

Axline, Virginia M. *Dibs: In Search of Self.* New York: Ballantine Books, 1964.

Baldwin, Christina. *One to One: Self-Understanding through Journal Writing.* New York: M. Evans, 1977.

Bandura, Albert. "Human Agency in Social Cognitive Therapy." *American Psychologist* 44, no. 9 (1989): 1175–84.

Bandura, Albert. "Self-Efficacy Conception of Anxiety." In *Anxiety and Self-Focused Attention*, edited by Ralf Schwarzer and Robert A. Wicklund, 89–110. New York: Harwood Academic Publishers, 1991.

Bandura, Albert. *Self-Efficacy: The Experience of Control.* New York: Freeman, 1997.

Bandura, Albert. "Health Promotion by Social Cognitive Means." *Health Education and Behavior* 31, no. 2 (2004): 143–64.

Boyce, Christopher J., Alex M. Wood, and Gordon D. A. Brown. "The Dark Side of Conscientiousness: Conscientious People Experience Greater Drops in Life Satisfaction Following Unemployment." *Journal of Research in Personality* 44, no. 4 (2010): 535–39.

Boyd, Julian P. *The Papers of Thomas Jefferson.* Princeton, NJ: Princeton University Press, 1950.

Brady-Amoon, Peggy, and Jairo N. Fuertes. "Self-Efficacy, Self-Rated Abilities, Adjustment, and Academic Performance." *Journal of Counseling and Development* 89, no. 4 (2011): 431–38.

Brian, Denis. *Einstein: A Life.* New York: John Wiley and Sons, 1996.

Brinkley, Douglas. *The Unfinished Presidency: Jimmy Carter's*

Journey beyond the White House. New York: Viking, 1998.

Brown, Jonathan D., and Margaret A. Marshall. "Great Expectations: Optimism and Pessimism in Achievement Settings." In *Optimism and Pessimism: Implications for Theory, Research, and Practice*, edited by Edward C. Chang, 239–55. Washington, DC: American Psychological Association, 2001.

Bruhn, Arnold Rahn. "Children's Earliest Memories: Their Use in Clinical Practice. *Journal of Personality Assessment* 45, no. 3 (1981): 258–62.

Bruhn, Arnold Rahn. *Earliest Childhood Memories: Theory and Application to Clinical Practice*, Vol. 1. New York: Praeger, 1990.

Bruhn, Arnold Rahn. "In Celebration of His 300th Birthday: Benjamin Franklin's Early Memories Procedure." *E-Journal of Applied Psychology: Clinical and Social Issues* 2, no. 1 (2006): 22–44.

Carlson, Jon, and Donald Dinkmeyer Sr. "Couple Therapy." In *Interventions and Strategies in Counseling and Psychotherapy*, edited by Richard E. Watts and Jon Carlson, 87–100. Philadelphia: Accelerated Development, 1999.

Carter, Jimmy. *An Hour before Daylight: Memories of a Rural Boyhood.* New York: Touchstone, 2001.

Carter, Jimmy. *Our Endangered Values: America's Moral Crisis.* New York: Simon and Schuster, 2005.

Carter, Jimmy. *Beyond the White House: Waging Peace, Fighting Disease, Building Hope.* New York: Simon and Schuster, 2007.

Carver, Charles S., Michael F. Scheier, and Suzanne C. Segerstrom. "Optimism." *Clinical Psychology Review* 30, no. 7 (2010): 879–89.

Cervone, Daniel. "Thinking about Self-Efficacy." *Behavior Modification* 24, no. 1 (2000): 30–56.

Christie, Agatha. *Agatha Christie: An Autobiography.* New York:

Ballatine Books, 1977.

Clark, Arthur J. "Early Recollections: A Personality Assessment Tool for Elementary School Counselors." *Elementary School Guidance and Counseling* 29, no. 2 (1994): 92-101.

Clark, Arthur J. "Projective Techniques in the Counseling Process." *Journal of Counseling and Development* 73, no. 3 (1995): 311-16.

Clark, Arthur J. *Defense Mechanisms in the Counseling Process.* Thousand Oaks, CA: Sage, 1998.

Clark, Arthur J. "Early Recollections: A Humanistic Assessment in Counseling." *Journal of Humanistic Counseling, Education, and Development* 40, no. 1 (2001): 96-104.

Clark, Arthur J. *Early Recollections: Theory and Practice in Counseling and Psychotherapy.* New York: Brunner-Routledge, 2002.

Clark, Arthur J. "On the Meaning of Color in Early Recollections." *The Journal of Individual Psychology* 60, no. 2 (2004): 141-54.

Clark, Arthur J. "An Early Recollection of Albert Einstein: Perspectives on Its Meaning and His Life." *The Journal of Individual Psychology* 51, no. 2 (2005): 126-36.

Clark, Arthur J. "Early Recollections and the Experience of Place." *The Journal of Individual Psychology* 63, no. 2 (2007): 214-24.

Clark, Arthur J. *Empathy in Counseling and Psychotherapy: Perspectives and Practices.* Mahwah, NJ: Lawrence Erlbaum Associates, 2007.

Clark, Arthur J. "Early Recollections and Sensory Modalities." *The Journal of Individual Psychology* 64, no. 3 (2008): 353-68.

Clark, Arthur J. "Early Recollections and Object Meanings." *The Journal of Individual Psychology* 65, no. 2 (2009): 123-34.

Clark, Arthur J. "A New Model of Empathy in Counseling." *Counseling*

Today 52, no. 3 (2009): 46–47.

Clark, Arthur J. "Empathy: An Integral Model in the Counseling Process." *Journal of Counseling and Development* 88, no. 3 (2010): 348–56.

Clark, Arthur J. "Significance of Early Recollections." In *Alfred Adler Revisited*, edited by Jon Carlson and Michael Maniacci, 303–6. New York: Routledge, 2012.

Clark, Arthur J. "Empathy and Alfred Adler." *The Journal of Individual Psychology* (forthcoming).

Clark, Arthur J., and Carrie M. Butler. "Degree of Activity: Relationship to Early Recollections and Safeguarding Tendencies." *The Journal of Individual Psychology* 68, no. 2 (2012): 136–47.

Clark, Arthur J., and Tara M. Simpson. "Imagination an Essential Dimension of a Counselor's Empathy." *Journal of Humanistic Counseling* (forthcoming).

Cohen, Keith N., and James A. Clark. "Transitional Object Attachment in Early Childhood and Personality Characteristics in Later Life." *Journal of Personality and Social Psychology* 46, no. 1 (1984): 106–11.

Colegrove, F. W. "Individual Memories." *American Journal of Psychology* 10, no. 2 (1899): 228–55.

Cosgrove, Sara Anne, and Roger A. Ballou. "A Complement to Lifestyle Assessment: Using Montessori Sensorial Experiences to Enhance and Intensify Early Recollections." *The Journal of Individual Psychology* 62, no. 1 (2006): 47–58.

Cowart, Beverly J. "Development of Taste and Perception in Humans: Sensitivity and Preference throughout the Life Span." *Psychological Bulletin* 90, no. 1 (1981): 43–73.

Crites, John O. *Vocational Psychology: The Study of Vocational Behavior and Development*. New York: McGraw-Hill, 1969.

Crook, Mason N., and Luberta Harden. "A Quantitative Investigation of Early Memories." *Journal of Social Psychology* 2, no. 2 (1931): 252-55.

Cunningham, Noble E., Jr. *In Pursuit of Reason: The Life of Thomas Jefferson.* New York: Ballantine Books, 1988.

Deaner, Richard G., and Kara Pechersky. "Early Recollections: Enhancing Case Conceptionalization for Practitioners Working with Couples." *The Family Journal: Counseling and Therapy for Couples and Families* 13, no. 3 (2005): 311-15.

Dinter, Lynda D. "The Relationship between Self-Efficacy and Lifestyle Patterns." *The Journal of Individual Psychology* 56, no. 4 (2000): 462-73.

Dreikurs, Rudolph. *Psychodynamics, Psychotherapy, and Counseling: Collected Papers of Rudolph Dreikurs.* Chicago: Alfred Adler Institute of Chicago, 1967.

Dudycha, George J., and Martha Malek Dudycha. "Adolescents' Memories of Preschool Experiences." *Journal of Genetic Psychology* 42 (1933): 468-80.

Dudycha, George J., and Martha Malek Dudycha. "Some Factors and Characteristics of Childhood Memories." *Child Development* 4, no. 3 (1933): 265-78.

Dudycha, George J., and Martha Malek Dudycha. "Childhood Memories: A Review of the Literature." *Psychological Bulletin* 38, no. 8 (1941): 668-82.

Dukas, Helen, and Banesh Hoffmann. *Albert Einstein: The Human Side.* Princeton, NJ: Princeton University Press, 1979.

Eacott, Madeline J. "Memory for the Events of Early Childhood." *Current Directions in Psychological Science* 8, no. 2 (1999): 46-49.

Eckstein, Daniel, Deborah V. Welch, and Victoria Gamber. "The Process of Early Recollection Reflection (PERR) for Couples and Families." *Family Journal* 9, no. 2 (2001): 203–9.

Egan, Gerald. *The Skilled Helper: A Problem-Management and Opportunity-Development Approach to Helping.* 10th ed. Belmont, CA: Brooks/Cole, Cengage Learning, 2009.

Einstein, Albert. "Autobiographical Notes." In *Albert Einstein: Philosopher-Scientist,* edited by Paul A. Schilpp, 3–95. Evanston, IL: The Library of Living Philosophers, 1949.

Einstein, Albert. *Ideas and Opinions.* Translated by Sonja Bargmann. New York: Crown Publishers, 1954.

Ellenberger, Henri F. *The Discovery of the Unconscious.* New York: Basic Books, 1970.

Ellis, Joseph J. *American Sphinx: The Character of Thomas Jefferson.* New York: Vintage Book, 1998.

Engen, Trygg. *Odor Sensation and Memory.* New York: Praeger, 1991.

Epstein, Ralph. "Social Class Membership and Early Childhood Memories." *Child Development* 34, no. 2 (1963): 503–8.

Estrade, Patrick. *You Are What You Remember: A Pathbreaking Guide to Understanding and Interpreting Your Childhood Memories.* Translated by Leah Laffont. Philadelphia: Da Capo Press, 2008.

Fleming, Thomas, ed. *Benjamin Franklin: A Biography in His Own Words.* Vols. 1 and 2. New York: Newsweek, 1972.

Franklin, Benjamin. *Autobiography, Poor Richard, and Later Writings: Letters from London, 1757-1775, Paris, 1776-1785, Philadelphia 1785-1790, Poor Richard's Almanack, 1733-1758, the Autobiography.* New York: The Library of America, 1997.

Fried, Edrita. *Active/Passive: The Crucial Psychological Dimension.* 1970. New York: Brunner/Mazel, 1989.

Friedman, Howard S., and Leslie R. Martin. *The Longevity Project: Surprising Discoveries for Health and Long Life from the Landmark Eight-Decade Study.* New York: Hudson Street Press, 2011.

Freud, Sigmund. "The Psychopathology of Everyday Life." 1901. In *The Standard Edition of the Complete Psychological Works of Sigmund Freud*, edited and translated by J. Strachey, 43-52. London: Hogarth, 1960.

Gibbons, Boyd. "The Intimate Sense of Smell." *National Geographic* 170, no. 3 (1986): 324-61.

Gordon, Kate. "A Study of Early Memories." *Journal of Delinquency* 12 (1928): 129-32.

Gordon-Reed, Annette. *The Hemingses of Monticello: An American Family.* New York: W.W. Norton, 2008.

Hafner, James L., and M. Ebrahim Fakouri. "Early Recollections and Vocational Choice." *Individual Psychology: The Journal of Adlerian Theory, Research, and Practice* 40, no. 1 (1984): 54-60.

Hampl, Patricia. *A Romantic Education.* Boston: Houghton Mifflin, 1981.

Hatch, Peter J., and Alice Waters. *A Rich Spot of Earth: Thomas Jefferson's Revolutionary Garden at Monticello.* New Haven, CT: Yale University Press.

Hawes, Clair. "Early Recollections: A Compelling Intervention in Couples Therapy." *The Journal of Individual Psychology* 63, no. 3 (2007): 306-14.

Hay, R. "Sense of Place in Developmental Context." *Journal of Environmental Psychology* 18, no. 1 (1998): 2-29.

Hedvig, Eleanor B. "Stability of Early Recollections and Thematic Apperception Stories." *Journal of Individual Psychology* 19, no. 1

(1965): 49-54.

Heller, Morton A. "Haptic Perception in Blind People." In *The Psychology of Touch*, edited by Morton A. Heller and William Schiff, 239-61. Hillsdale, NJ: Lawrence Erlbaum Associates, 1991.

Henri, Victor. "Our Earliest Memories." *American Journal of Psychology* 7, no. 2 (1895): 303-5.

Henri, Victor. "Our Earliest Recollections of Childhood." *Psychological Review* 2 (1895): 215-16.

Henri, Victor, and Catherine Henri. "Enquête sur les Premiers Souvenirs de L'enfance," *Année Psychologique* 3 (1896): 184-98.

Henri, Victor, and Catherine Henri. "Earliest Recollections." *Popular Science Monthly* 53 (1898): 108-15.

Highland, Richard A., Roy M. Kern, and William L. Curlette. "Murderers and Nonviolent Offenders: A Test of Alfred Adler's Theory of Crime. *The Journal of Individual Psychology* 66, no. 4 (2010): 433-58.

Holmes, Gary E., James R. Patterson, and Janice E. Stalling. "Sense of Place: Issues in Counseling and Development." *Journal of Humanistic Counseling, Education, and Development* 42, no. 2 (2003): 238-51.

Howe, Mark L. *The Fate of Early Memories: Developmental Science and the Retention of Childhood Experiences.* Washington, DC: American Psychological Association, 2000.

Howe, Mark L. *The Nature of Early Memory: An Adaptive Theory of the Genesis and Development of Memory.* Oxford: Oxford University Press, 2011.

Huxley, Aldous. *Ends and Means.* New York: Greenwood Press, 1969.

Huyghe, Patrick. "Voices, Glances, Flashbacks: Our First Memories." *Psychology Today* 19 (September 1985): 48-52.

Isaacson, Walter. *Benjamin Franklin: An American Life.* New York:

Simon and Schuster Paperbacks, 2003.

Isaacson, Walter. *Einstein: His Life and Universe*. New York: Simon and Schuster, 2007.

Ivey, Allen E., Mary Bradford Ivey, and Carlos P. Zalaquett. *Essentials of Intentional Interviewing: Counseling in a Multicultural World*. 2nd ed. Belmont, CA: Brooks/Cole, Cengage Learning, 2012.

Jackson, Joshua J., D. Wood, T. Bogg, K. E. Walton, P. D. Harms, and B. W. Roberts. "What Do Conscientiousness People Do? Development and Validation of the Behavioral Indicators of Conscientiousness (BIC)." *Journal of Research in Personality* 44, no. 4 (2010): 501–11.

Janoe, Barbara, ed. "Using Early Recollections with Children." In *Early Recollections: Their Use in Diagnosis and Psychotherapy*, edited by Harry A. Olson, 230–34. Springfield, IL: Charles C Thomas, 1979.

Josselson, Ruthellen. "Stability and Change in Early Memories over 22 Years: Themes, Variations, and Cadenzas." *Bulletin of the Menninger Clinic* 64, no. 4 (2000): 462–81.

Kabat-Zinn, Jon. *Coming to Our Senses: Healing Ourselves and the World through Mindfulness*. New York: Hyperion, 2005.

Kelly, William E., and Don Daughtry. "The Role of Recent Stress in the Relationship between Worry and Self-Efficacy: Path Analysis of a Meditation Model." *Psychology Journal* 8, no. 4 (2011): 143–48.

Kelly-Gangi, Carol, ed. *Thomas Jefferson: His Essential Wisdom*. New York: Fall River Press, 2010.

Kern, Margaret, L., H. S. Friedman, L. R. Martin, C. A. Reynolds, and G. Luong. "Conscientiousness, Career Success, and Longevity: A Lifespan Analysis." *Annals of Behavioral Medicine* 37, no. 2

(2009): 154–63.

Keyes, Nelson Beecher. *Ben Franklin: An Affectionate Portrait*. Garden City, NY: Hanover House, 1956.

Kihlstrom, John F., and Judith M. Harackiewicz. "The Earliest Recollection: A New Survey." *Journal of Personality* 50, no. 2 (1982): 134–48.

Ladd, Peter D., and AnnMarie Churchill. *Person-Centered Diagnosis and Treatment in Mental Health: A Model for Empowering Clients*. Philadelphia: Jessica Kingsley Publishers.

LaFountain, Rebecca M., and Nadine E. Gardner. *A School with Solutions: Implementing a Solution-Focused/Adlerian-Based Comprehensive School Counseling Program*. Alexandria, VA: American School Counselor Association, 1998.

Laird, Donald A. "What Can You Do with Your Nose?" *Scientific Monthly* 41, no. 2 (1935): 126–30.

Langs, Robert J. "Earliest Memories and Personality: A Predictive Study." *Archives of General Psychiatry* 12, no. 4 (1965): 379–90.

Leman, Kevin. *What Your Childhood Memories Say About You . . . And What You Can Do About It*. Carol Stream, IL: Tyndate House Publishers, 2007.

Leman, Kevin, and Randy Carlson. *Unlocking the Secrets of Your Childhood Memories*. Nashville, TN: Thomas Nelson, 1989.

Lemay, J. A. Leo. "The Life of Benjamin Franklin." In *Benjamin Franklin: In Search for a Better World*, edited by Page Talbot, 17–54. New Haven, CT: Yale University Press, 2005.

Levy, Joshua. "Early Memories: Theoretical Aspects and Applications." *Journal of Projective Techniques and Personality Assessment* 29, no. 3 (1965): 281–91.

Lord, Daniel B. "On the Clinical Use of Children's Early Recollections." *Individual Psychology: Journal of Adlerian Theory, Research, and Practice* 38, no. 3 (1982): 198–206.

Lundin, Robert W. *Alfred Adler's Basic Concepts and Implications*. Muncie, IN: Accelerated Development, 1989.

Lundy, Allan, and Timothy Potts. "Recollection of a Transitional Object and Needs for Intimacy and Affiliation in Adolescents." *Psychological Reports* 60, no. 3 (1987): 767–73.

Lyubomirsky, Sonja. *The How of Happiness: A New Approach to Getting the Life You Want*. New York: Penguin Books, 2007.

Maddux, James E., Lawrence Brawley, and Angela Boykin. "Self-Efficacy and Healthy Behavior: Prevention, Promotion, and Detection." In *Self-Efficacy, Adaptation, and Adjustment: Theory, Research, and Application*, edited by James E. Maddux, 173–202. New York: Plenum Press, 1995.

Manaster, Guy J., and Raymond J. Corsini. *Individual Psychology: Theory and Practice*. Itasca, IL: F. E. Peacock, 1982.

Manaster, Guy J., and Thomas B. Perryman. "Early Recollections and Occupational Choice." *Journal of Individual Psychology* 30, no. 2 (1974): 232–37.

Manaster, Guy J., Steven Berra, and Mark Mays. "Manaster-Perryman Early Recollections Scoring Manual: Findings and Summary." *The Journal of Individual Psychology* 57, no. 4 (2001): 413–19.

Marshall, Grant N., C. B. Wortman, J. W. Kusulas, L. K. Hervig, and R. R. Vickers Jr. "Distinguishing Optimism from Pessimism: Relations to Fundamental Dimensions of Mood and Personality." *Journal of Personality and Social Psychology* 62, no. 6 (1992): 1067–74.

May, Rollo. *Man's Search for Himself*. New York: W.W. Norton, 1953.

Mayman, Martin. "Early Memories and Character Structure." *Journal of Projective Techniques* 32, no. 4 (1968): 303–16.

McCarter, Robert E., Harold M. Schiffman, and Silvan S. Tomkins. "Early

Recollections as Predictors of Tomkins-Horn Picture Arrangement Test Performance. *Journal of Individual Psychology* 17, No. 2 (1961): 177-80.

McCrae, Robert R., and Oliver P. John. "An Introduction to the Five-Factor Model and Its Applications." *Journal of Personality* 60, no. 2 (1992): 175-215.

McCrae, Robert R., and Paul T. Costa, eds. *Personality in Adulthood: A Five-Factor Theory of Personality.* 2nd ed. New York: Guilford Press, 2003.

McKelvie, William H. "Career Counseling with Early Recollections." In *Early Recollections: Their Use in Diagnosis and Psychotherapy*, edited by Harry A. Olson, 243-55. Springfield, IL: Charles C Thomas, 1979.

McLaughlin, John J., and Rowena R. Ansbacher. "Sane Ben Franklin: An Adlerian View of His Autobiography." *Journal of Individual Psychology* 27, no. 2 (1971): 189-207.

Meacham, Jon. *Thomas Jefferson: The Art of Power.* New York: Random House, 2012.

Miles, Caroline. "A Study of Individual Psychology." *American Journal of Psychology* 6 (1895): 534-58.

Montagu, Ashley. *Touching: The Human Significance of the Skin.* New York: Columbia University Press, 1971.

Mosak, Harold. "Early Recollections as a Projective Technique." *Journal of Projective Techniques* 22, no. 3 (1958): 307-11.

Mosak, Harold H., and Roger Di Pietro. *Early Recollections: Interpretation Method and Application.* New York: Routledge, 2006.

Mosak, Harold H., and Maniacci, Michael P. *Tactics in Counseling and Psychotherapy.* Itasca, IL: F. E. Peacock, 1998.

Mozdzierz, Gerald J., Paul R. Peluso, and Joseph Lisiecki. *Principles of Counseling and Psychotherapy: Learning the Essential Domains and Non-linear Thinking of Master Practitioners.* New York: Routledge, 2009.

Mwita, Mahiri. "Martin Luther King Jr.'s Lifestyle and Social Interest in His Autobiographical Early Memories." *The Journal of Individual Psychology* 60, no. 2 (2004): 191-203.

Myer, Rick, and Richard K. James. "Using Early Recollections as an Assessment Technique with Children." *Elementary School Guidance and Counseling* 25, no. 3 (1991): 228-32.

Nichols, Frederick Doveton, and Ralph E. Griswold. *Thomas Jefferson: Landscape Architect.* Charlottesville: University Press of Virginia, 1978.

Oberst, Ursula E., and Alan E. Stewart. *Adlerian Psychotherapy: An Advanced Approach to Individual Psychology.* New York: Brunner-Routledge, 2003.

O'Connor, Daryl B., M. Conner, F. Jones, B. McMillian, and E. Ferguson. "Exploring the Benefits of Conscientiousness: An Investigation of the Role of Daily Stressors and Health Behaviors." *Annals of Behavioral Medicine* 37, no. 2 (2009): 184-96.

Olson, Harry A. "Techniques of Interpretation." In *Early Recollections: Their Use in Diagnosis and Psychotherapy*, edited by Harry A. Olson, 69-82. Springfield, IL: Charles C Thomas, 1979.

Olson, Harry A., ed. *Early Recollections: Their Use in Diagnosis and Psychotherapy.* Springfield, IL: Charles C Thomas, 1979.

Pattie, Frank A., and Stephen Cornett. "Unpleasantness of Early Memories and Maladjustment of Children." *Journal of Personality* 20, no. 3 (1952): 315-21.

Paxton, Raheem J., Robert W. Motl, Alison Aylward, and Claudio R.

Nigg. "Physical Activity and Quality of Life: The Complementary Influence of Self-Efficacy for Physical Activity and Mental Health Difficulties." *International Journal of Behavioral Medicine* 17, no. 4 (2010): 255-63.

Peluso, Paul R., and Heather MacIntosh. "Emotionally Focused Couples Therapy and Individual Psychology: A Dialogue across Theories." *The Journal of Individual Psychology* 63, no. 3 (2007): 247-69.

Pomeroy, Heather, and Arthur J. Clark. "Self-Efficacy and Early Recollections in the Context of Adlerian and Wellness Theory." *The Journal of Individual Psychology* (forthcoming).

Potwin, Elizabeth Bartlett. "Study of Early Memories." *Psychological Review* 8, no. 6 (1901): 596-601.

Powers, Robert L., and Jane Griffith. *Understanding Life-Style: The Psycho-Clarity Process.* Chicago: The Americas Institute of Adlerian Studies, 1987.

Ramachandran, Vilayanur S., and Edward M. Hubbard. "Hearing Colors, Tasting Shapes." *Scientific American* 16, no. 3 (2006): 76-83.

Randall, Henry S. *The Life of Thomas Jefferson.* 3 Vols. New York: Derby and Jackson, 1858.

Randall, Willard Sterne. *Thomas Jefferson: A Life.* New York: Henry Holt and Company, 1993.

Randolph, Sarah N. 1871. *The Domestic Life of Thomas Jefferson.* Charlottesville: University of Virginia Press, 1978.

Risjord, Norman K. *Jefferson's America, 1760-1815.* 3rd ed. Lanham, MD: Rowman and Littlefield, 2010.

Roberts, Brent W., Kate E. Walton, and Tim Bogg. "Conscientiousness and Health across the Life Course." *Review of General Psychology* 9, no. 2 (2005): 156-68.

Rose, Tara, Nancy Kaser-Boyd, and Michael P. Maloney. *Essentials of*

Rorschach Assessment. New York: John Wiley and Sons, 2001.

Royle, Roger, and Gary Woods. *Mother Theresa: A Life in Pictures*. New York: HarperCollins, 1992.

Rubin, David C. "The Distribution of Early Childhood Memories." *Memory* 8, no. 4 (2000): 265–69.

Saunders, Laura M., and John C. Norcross. "Earliest Childhood Memories: Relationship to Ordinal Position, Family Functioning, and Psychiatric Symptomatology." *Individual Psychology: The Journal of Adlerian Theory, Research, and Practice* 44, no. 1 (1988): 95–105.

Schab, Frank R. "Odors and the Remembrance of Things Past." *Journal of Experimental Psychology: Learning, Memory, and Cognition* 16, no. 4 (1990): 648–55.

Scheier, Michael, Charles S. Carver, and Michael W. Bridges. "Optimism, Pessimism, and Psychological Well-Being." In *Optimism and Pessimism: Implications for Theory, Research, and Practice*, edited by Edward C. Chang, 189–216. Washington, DC: American Psychological Association, 2001.

Segal, Zindel V. "Appraisal of the Self-Schema Construct in Cognitive Models of Depression." *Psychological Bulletin* 103, no. 2 (1988): 147–62.

Seligman, Martin E. P. *Learned Optimism: How to Change Your Mind and Your Life*. New York: Vintage Books, 2006.

Seligman, Martin E. P. *Flourish: A Visionary New Understanding of Happiness and Well-Being*. New York: Free Press, 2011.

Sharot, Tali. *The Optimism Bias: A Tour of the Irrationally Positive Brain*. New York: Pantheon Books, 2011.

Singer, Jefferson A. *Memories That Matter: How to Use Self-Defining Memories to Understand and Change Your Life*. Oakland, CA:

New Harbinger Publications, 2005.

Smith, Billy G. "Benjamin Franklin, Civic Improver." In *Benjamin Franklin: In Search of a Better World*, edited by Page Talbot, 91–124. New Haven, CT: Yale University Press, 2005.

Smyth, Albert Henry. *The Writings of Benjamin Franklin*. Vol. 1. New York: Macmillan Company, 1905.

Sommers-Flanagan, John, and Rita Sommers-Flanagan, *Counseling and Psychotherapy Theories in Context and Practice: Skills, Strategies, and Techniques*. 2nd ed. New York: John Wiley and Sons, 2012.

Spink, Kathryn. *Mother Teresa: A Complete Authorized Biography*. New York: HarperOne, 1997.

Statton, Jane Ellis, and Bobbie Wilborn. "Adlerian Counseling and the Early Recollections of Children." *The Journal of Individual Psychology* 47, no. 3 (1991): 338–47.

Stewart, Alan E. "Individual Psychology and Environmental Psychology." *The Journal of Individual Psychology* 63, no. 1 (2007): 67–85.

Sweeney, Thomas J. "Early Recollections: A Promising Technique for Use with Older Persons." *Journal of Mental Health Counseling* 12, no. 3 (1990): 260–69.

Sweeney, Thomas J. *Adlerian Counseling and Psychotherapy: A Practitioner's Approach*. 5th ed. New York: Routledge, 2009.

Sweeney, Thomas J., and Jane E. Myers. "Early Recollections: An Adlerian Technique with Older People." *Clinical Gerontologist* 4, no. 4 (1986): 3–12.

Tennen, Howard, and Glenn Affleck. "The Costs and Benefits of Optimistic Explanation and Dispositional Optimism." *Journal of Personality* 55, no. 2 (1987): 377–93.

Teresa, Mother. *In the Heart of the World: Thoughts, Stories, and*

Prayers. Edited by Becky Benenate. Novato, CA: New World Library, 1997.

Teresa, Mother. *Mother Teresa: No Greater Love.* Edited by Becky Benenate and Joseph Durepos. Novato, CA: New World Library, 1997.

Teresa, Mother. *Mother Teresa: Come Be My Light: The Private Writings of the "Saint of Calcutta."* Edited by Brian Kolodiejchuk. New York: Doubleday, 2007.

Teresa, Mother. *Mother Teresa: Where There Is Love, There Is God.* Edited by Brian Kolodiejchuk. New York: Doubleday, 2010.

Thayer, Stephen. "Social Touching." In *Tactual Perception: A Sourcebook*, edited by William Schiff and Emerson Foulke, 263–304. New York: Cambridge University Press, 1982.

Tourtellot, Arthur Bernon. *Benjamin Franklin: The Shaping of a Genius, The Boston Years.* New York: Doubleday, 1977.

Vancouver, Jeffery B., Charles M. Thompson, E. Casey Tischner, and Dan J. Putka. "Two Studies Examining the Negative Effect of Self-Efficacy on Performance." *Journal of Applied Psychology* 87, no. 3 (2002): 506–16.

Van Doren, Carl. *Benjamin Franklin.* New York: Penguin Books, 1938.

Vazhakala, Sebastian Fr. *Life with Mother Teresa: My Thirty-Year Friendship with the Mother of the Poor.* Cincinnati, OH: St. Anthony Messenger Press, 2004.

Waldfogel, Samuel. "The Frequency and Affective Character of Childhood Memories." *Psychological Monographs: General and Applied* 62 (4, Whole No. 291) 1948.

Watkins, C. Edward, Jr. "Using Early Recollections in Career Counseling." *Vocational Guidance Quarterly* 32, no. 4 (1984):

271-76.

Watkins, C. Edward, Jr., and Michael E. Schatman. "Using Early Recollections in Child Psychotherapy." *Journal of Child and Adolescent Psychotherapy* 3, no. 3 (1986): 207-13.

Watts, Richard E., and Dennis W. Engels. "The Life Task of Vocation: A Review of Adlerian Research Literature." *Texas Counseling Association Journal* 23, no. 1 (1995): 9-20.

Westman, Alida S., and Gary Wautier. "Early Autobiographical Memories Are Mostly Nonverbal and Their Development Is More Likely Continuous Than Discrete." *Psychological Reports* 74, no. 2 (1994): 655-56.

Westman, Alida S., and Ronald S. Westman. "First Memories Are Nonverbal and Emotional, Not Necessarily Talked About or Part of a Recurring Pattern." *Psychological Reports* 73, no. 1 (1993): 328-30.

Westman, Alida S., Ronald S. Westman, and Cosette Orellana. "Earliest Memories and Recall by Modality Usually Involve Recollections of Different Memories: Memories Are Not Amodal." *Perceptual and Motor Skills* 82, no. 3 (1996): 1131-34.

White, Michael, and John Gribbin. *Einstein: A Life in Science.* New York: Dutton, 1994.

Williams, Robert Lee, and John D. Bonvillian. "Early Childhood Memories in Deaf and Hearing College Students." *Merrill-Palmer Quarterly* 35, no. 4 (1989): 483-97.

Winnicott, D. W. "Transitional Objects and Transitional Phenomena: A Study of the First Not-Me Possession." *The International Journal of Psycho-Analysis* 34, no. 2 (1953): 89-97.

Wrigley, Chris. *Winston Churchill: A Biographical Companion.* Santa Barbara, CA: ABC-CLIO, 2002.

Yeats, William Butler. *Autobiographies: Reveries over Childhood and Youth and the Trembling of the Veil.* 1916. New York: Macmillan, 1927.

Young, Mark E. *Learning the Art of Helping: Building Blocks and Techniques.* 5th ed. Upper Saddle River, NJ: Pearson Education, 2013.

Zuckerman, Marvin. "Optimism and Pessimism: Biological Foundations." In *Optimism and Pessimism: Implications for Theory, Research, and Practice*, edited by Edward C. Chang, 69–88. Washington, DC: American Psychological Association, 2001.

Zulkosky, Kristen. "Self-Efficacy: A Concept Analysis." *Nursing Forum* 44, no. 2 (2009): 93–102.

찾아보기

인명

A
Adler, A. 20, 26, 41, 50, 59, 62, 183

B
Bandura, A. 110
Bonvillian, J. 135

C
Carter, J. 21
Catherine 29
Colegrove, F. W. 35

D
Dreikurs, R. 54

E
Einstein, A. 21, 67, 162

F
Franklin, B. 21, 26, 69
Freud, S. 35
Fried, E. 103

G
Gorden, K. 35

H
Henri, V. 29

내용

저자 소개

Arthur J. Clark

뉴욕주 캔튼 소재 세인트 로렌스 대학교의 심리상담 및 인간 개발 프로그램 담당 교수이자 책임자이다. 그는 1974년 오클라호마 주립대학교에서 박사 학위를 받았으며, 이 대학의 상담심리사 및 심리학자로 일했다. 그는 약물 남용 치료 시설에서 심리상담을 했고, 공인 심리학자로서 개인적으로도 심리상담을 진행했다. Clark 박사는 『The Journal of Individual Psychology』의 편집자이며, 저서로는 『Defense Mechanisms in the Counseling Process』(1998), 『Early Recollections: Theory and Practice in Counseling and Psychotherapy』(2002), 『Empathy in Counseling and Psychotherapy: Perspectives and Practices』(2007)가 있다. Clark 박사는 아내 Marybeth와의 사이에 세 딸, Heather, Tara 그리고 Kayla가 있다.

역자 소개

박예진(Park, YeJin) Ph.D

한국아들러협회 회장이며, 아들러코리아의 대표를 맡고 있다. 2010년부터 아들러심리학의 한국 보급을 위해 외국 학회의 전문가들에게 수학하고 현장 접목을 시도하며, 출판, 연구 및 교육을 통하여 아들러의 철학과 사상을 전하고 있다. 아들러심리학의 중요한 분야인 부모를 위한 긍정훈육, 청소년을 위한 긍정성격 강화 프로그램 및 아들러심리치료의 중독 접목 등의 한국화를 위해 지속적으로 노력하고 있다. 주요 저 · 역서로는 『모두에게 사랑받지 않아도 괜찮아』(보랏빛소, 2018), 『어른으로 살아갈 용기: 아들러가 남긴 유일한 어른 지침』(편저, 이지북, 2016), 『아들러심리학에 기반을 둔 초기 회상: 상담 이론 및 실제』(공역, 학지사, 2017), 『우리 아이 인성교육을 위한 긍정 훈육법』(역, 학지사, 2016)이 있다.

김영진(Kim, YoungJin)

서울대학교 경제학과를 졸업하고 한국상담대학원대학교에서 상담학 석사 학위를 취득했다. 현재 한국상담대학원대학교 코칭상담연구소 책임연구원으로, 상담학을 기반으로 한 코칭상담에 관한 연구 및 다양한 상담 현장에서 심리상담을 하고 있다. 또한 아들러코리아 연구소장으로 근무하여 아들러심리학의 보급에도 지속적으로 관심을 가지고 노력하고 있으며, 상담 및 정신건강 분야의 전문번역가로 활동하고 있다.

아들러심리학에 기반을 둔
초기 회상의 의미와 해석
-사례 및 해석 모델을 중심으로-
Dawn of Memories: The Meaning of Early Recollections in Life

2019년 5월 10일 1판 1쇄 인쇄
2019년 5월 20일 1판 1쇄 발행

지은이 • Arthur J. Clark
옮긴이 • 박예진 · 김영진
펴낸이 • 김진환
펴낸곳 • (주)**학지사**
　　　　　04031 서울특별시 마포구 양화로 15길 20 마인드월드빌딩
대표전화 • 02)330-5114　　　팩스 • 02)324-2345
등록번호 • 제313-2006-000265호

홈페이지 • http://www.hakjisa.co.kr
페이스북 • https://www.facebook.com/hakjisa

ISBN 978-89-997-1830-4 93180

정가 17,000원

이 도서의 국립중앙도서관 출판시도서목록(CIP)은 서지정보유통지
원시스템 홈페이지(http://seoji.nl.go.kr)와 국가자료공동목록시스템
(http://www.nl.go.kr/kolisnet)에서 이용하실 수 있습니다.
(CIP 제어번호: CIP2019016671)

출판 · 교육 · 미디어기업 **학지사**

간호보건의학출판 **학지사메디컬** www.hakjisamd.co.kr
심리검사연구소 **인싸이트** www.inpsyt.co.kr
학술논문서비스 **뉴논문** www.newnonmun.com
원격교육연수원 **카운피아** www.counpia.com